Arthur Agats
Der hansische Baienhandel

Arthur Agats

Der hansische Baienhandel

ISBN/EAN: 9783955641726

Auflage: 1

Erscheinungsjahr: 2013

Erscheinungsort: Bremen, Deutschland

@ EHV-History in Access Verlag GmbH, Fahrenheitstr. 1, 28359 Bremen. Alle Rechte beim Verlag und bei den jeweiligen Lizenzgebern.

Der

hansische Baienhandel

von

Arthur Agats

* * * * * * * Heidelberg 1904 * * * * * * *
Carl Winter's Universitätsbuchhandlung

Vorwort.

Die Handelsbeziehungen der Hanse zu Westfrankreich und vor allem der so wichtige Baienhandel sind bis jetzt noch von keinem hansischen Geschichtsforscher eingehender behandelt worden. Der erste, der es unternahm, über die Baienfahrten einiges Licht zu verbreiten, war Hirsch in seiner Handelsgeschichte Danzigs. Nach ihm hat Damus im 5. Heft der Zeitschrift des westpreußischen Geschichtsvereins einen dankenswerten Aufsatz veröffentlicht über Danzigs Beziehungen zu Frankreich, die Fortsetzung zu Hirschs Abhandlung. Das ist alles, was wir an Arbeiten auf diesem Gebiet besitzen. Französischerseits ist, abgesehen von einigen kleineren lokalgeschichtlichen Aufsätzen, nichts erschienen. Was wir in französischen größeren Darstellungen finden, beschränkt sich auf die allgemeine Bemerkung, daß im Mittelalter ein glänzender Handel zwischen der Baie und den Völkern des Nordens bestand.

Die Bearbeitung dieses Stoffes erfordert unbedingt einen Aufenthalt an Ort und Stelle, um die wichtigen topographischen Verhältnisse kennen zu lernen. Ohne Kenntnis derselben bleibt es unverständlich, wie der einst so blühende Handel allmählich so ganz und gar aufgehört hat; denn nicht allein die politischen Verhältnisse, von denen ja der Handel eines Volkes in allererster Linie abhängig ist, haben hier zu seinem Untergang mitgewirkt. Eine Reise, die der Verfasser im Herbst 1901 in jene Gebiete unternommen hat, ermöglichte es, die Gegend eingehend zu studieren. An dieser Stelle will ich es nicht unterlassen, allen denen, die mich in Bourgneuf bei meinen Ortsstudien in liebenswürdiger Weise unterstützt haben, meinen Dank auszusprechen. Gleichfalls zu Danke verpflichtet bin ich Herrn Ed. Gallet in St. Nazaire, der mir in einigen unklaren Punkten bereitwilligst Aufklärung verschafft hat, ferner der Archivverwaltung von Nantes, der dortigen Bibliothek und den Bibliotheken von Paris und Heidelberg.

Von den drei Karten, die der Arbeit beigelegt sind, beruht die erste auf den aus den Ortsstudien und den Urkunden gewonnenen Anschauungen; die zweite ist dem Buch von Luneau-Gallet, Documents sur l'île de Bouin, Nantes 1874, entnommen und die dritte der französischen Generalstabskarte. Ein Vergleich der drei Karten zeigt die gewaltigen Veränderungen, die die Gegend im Laufe der Jahrhunderte durchgemacht hat.

Was die Quellen angeht, so ist das Hauptmaterial enthalten in dem Hansischen Urkundenbuch und den Hanserezessen; als Ergänzung treten das lübische und livländische Urkundenbuch hinzu. Von französischen Publikationen ist kaum etwas Nennenswertes anzuführen; die Sammlung der Archives de Bretagne bietet für unseren Zweck so gut wie nichts. Auch das Archiv von Nantes enthält sehr wenig; das meiste scheint in den Revolutionskriegen verloren gegangen zu sein.

Die vorliegende Abhandlung macht keineswegs den Anspruch, etwas Vollendetes und Abgerundetes zu bieten. Bei dem gegenwärtigen Stand der Publikationen ist eine Erschöpfung des Gegenstandes unmöglich. Die Hauptaufgabe konnte nur sein, das gedruckte Material heranzuziehen und zu verwerten und damit den Grund zu weiteren Arbeiten zu legen.

An der allgemeinen Auffassung hansischer Geschichte ändert die Arbeit nichts. Sie bestätigt vielmehr die bisher gewonnenen Resultate und liefert einen neuen Beitrag zu der Geschichte der mittelalterlichen hansischen Handelsvorherrschaft und der durch politische Überlegenheit anderer Völker herbeigeführten Wandlung.

Berlin, im März 1904.

Arthur Agats.

Inhaltsübersicht.

I. Die Örtlichkeit.

Die Lage der Baie S. 1. — Was verstanden die Hansen unter „Baie"? 3. — Die marais salants 4. — Die Hauptzentren der Salzgewinnung, Rückgang bei Bourgneuf 5. — Bourgneuf und sein Hafen 7. Bouin und der Dain 9. — Beauvoir 11. — Noirmoutier 11. — Die Bucht von Bourgneuf 12. — Fahrt in derselben (das Seebuch) 13. — Die im Seebuch angegebenen Ankerplätze 13. — Einfahrt in die Baie 14. — Fahrt nach der Baie 15.

II. Der Handel.

Verkehr an Ort und Stelle S. 16. — Ausfuhrartikel 17. — Bedeutung der Baie als Verkehrszentrum 19. — Rechtliche Stellung des Kaufmanns daselbst 20. — Zölle 21. — Andere Handelsplätze an der Westküste Frankreichs 22. — Die rôles d'Oléron 24. — Beschlüsse der Hansetage über die Westfahrten 25. — Flottenfahrt nach der Baie 26. — Sicherung gegen Seeraub und treuloses Verhalten der Schiffer 27. — Properhandel und Kommissionshandel. Lieger in der Baie 28. — Lieferungsgeschäfte 28. — Warenpreise 29. — Preise und Größe der Baienschiffe 35. Namen einiger Schiffe 36. — Frachtsätze 36. — Hauptbestimmungsländer für das Baiensalz 37. — Der englische Baienhandel in deutschen Händen 37. — Anteil der Hansestädte am Baienhandel 38. — Ausfuhr Danzigs nach Polen, Litauen und Skandinavien 39. — Bedeutung Schonens 40. — Ausfuhr Revals nach Livland 41. — Das Baiensalz in Flandern 41. — Die Beteiligung der Holländer am Baienhandel 42. — Französischer Anteil am Baienverkehr 43.

III. Nachrichten über die geschichtliche Entwicklung des Handels.

1. Die Anfänge des Handels.

Anfänge der westfranzösischen Salzindustrie S. 45. — Die ersten Spuren eines Handels 46. — Engländer treten zuerst auf im 12. Jahrhundert 46. — Dann Flandrer 47. — Deutscher Handel 48. — Erstes Auftreten deutscher Kaufleute in Westfrankreich, Ende des 13. Jahrhunderts 49. — Kein bedeutender Handel wegen der englisch-französischen Kämpfe 49. — Ausfuhrverbote des französischen Königs 50. — Ruhigere Zeiten seit 1305 51. — Beginn des hundertjährigen Krieges, seine Wirkung auf den Baienhandel 51. — Wirkung des hansisch-dänischen Krieges auf den Baienhandel 51. — Andere Nationen in Westfrankreich 52. — Aufschwung des deutschen Baienhandels nach 1370 52. — Unfreundliches Verhältnis der Hanse zu England, Plünderung preußischer Baienfahrer durch die Engländer 53. — Erste Erwähnung des Danziger Baienhandels 53. — Preußischer Baienhandel am Ende des 14. Jahrhunderts; desgl. Revals 53. — Starke Einfuhr des Baiensalzes in England 54. — Friede zwischen England und Preußen 1388 55. — Niedergang des Baienhandels infolge Streitigkeiten mit Flandern 55. — Die Vitalienbrüder 56.

2. Die Blütezeit des Handels.

Kräftiger Aufschwung des Baienhandels zu Beginn des 15. Jahrhunderts, an erster Stelle die preußischen Städte S. 56. — Neuer Krieg zwischen England und Frankreich, Niedergang des Handels 57. — Wirren in Preußen 58. — Erste Erwähnung von Brouage 58. — Englischer Seeraub 58. — Kampens Anteil am Baienverkehr 58. — Wirkung des englisch-französischen Krieges seit 1415 59. — Wegnahme der Rocheller Flotte durch die Spanier 1419 59. — 1436 Vertrag zu Bourgneuf 62. — 1443 Friede mit Spanien zu Brügge 63. — Der Handel während der Konfliktszeit 63. — 1426 Krieg der wendischen Städte gegen Dänemark 64. — Wegnahme der Baienflotte durch die Dänen 65. — Salzmangel in Preußen und Livland 65. — Vertrag der preußischen Städte mit Dänemark; fortgesetzter Kampf der wendischen Städte gegen Dänemark; ihre Feindschaft gegen Preußen wegen der Neutralität 66. — Englische Plünderungen an hansischen Baienschiffen 67. — Konkurrenz der Holländer 67. — Aufschwung des hansischen Baienhandels seit 1434 68. — Feindschaft der Holländer, vorläufiger Stillstand bis 1437 68. — 1437 Friede mit England 70. — Gesteigerte Feindschaft mit Holland 70. — Preußen neutral 70. — 1438 Wegnahme der preußischen Baienflotte durch die Holländer 71. — Lübecks Kriegseifer, neutrale Haltung Preußens 72. — Stocken der Baienfahrten 72. — 1441 Friede zu Kopenhagen 73. — Glänzender Aufschwung des Baienhandels 74. — Rückgang wegen neuer Feindschaft mit Holland 75. — Zwist mit Frankreich 75. — Feindschaft Preußens mit England 75. — 1449 Wegnahme einer großen Baienflotte durch die Engländer 76. — Abnahme der Fahrten 77. — Preußens vermittelnde Stellung im Kampfe mit England 77. — Energische Haltung Lübecks 78. — Währenddessen glänzender Baienhandel Preußens 79. — 1456 Friede durch Vermittlung des Hochmeisters 80. — Das Verhältnis der Hanse zu Frankreich trübt sich 81. — Wirren in Preußen, Abfall der Städte vom Orden 81. — Daher

Stocken der Fahrten seit 1454 82. — Wegnahme der lübischen Baienflotte durch die Engländer 1458, infolgedessen Lübeck den Kampf gegen England wieder aufnimmt 84. — Freundlicheres Verhältnis zu Frankreich 85. — Handelsverhältnisse in Preußen 86. — Verhandlungen mit Frankreich 86. — Lübeck verharrt in seinem Verhalten zu England 87. — Eduard IV. untersagt 1461 den hansischen Zwischenhandel mit der Baie 87. — Handelsverhältnisse in den Jahren 1462 und 1463 88. — 1463 Friede mit Frankreich 89. — Kurze Dauer desselben 89. — Lübecks Verhältnis zu England 91. — Danzigs aggressives Vorgehen, Zurückhaltung Lübecks; Paul Beneke 92. — Utrechter Friede 1474 93. — Zehnjähriger Waffenstillstand mit Frankreich 1473 93. — Stillstand mit der Bretagne 94. — Die Holländer nutzen die unruhigen Zeiten von 1471—1474 aus 94. — Gewaltiger Aufschwung des Baienhandels seit 1474 95. — 1483 ewiger Friede mit Frankreich. Vertrag mit der Bretagne auf 10 Jahre 98. — Neue Feindschaft mit der Bretagne, daher Sinken des Handels 99. — 1486 Beilegung dieses Zwistes 99. — Neuer Streit mit England 99. — Wirren im Westen. Belästigung des Kaufmanns durch die Engländer und Franzosen 100. — Allmähliches Aufgeben der Baienfahrten 103.

3. Der Rückgang der Baienfahrten.

Zunahme der Spanienfahrten S. 103. — Wiederanknüpfungsversuche mit Frankreich 104. — Franz I. Bemühungen um Hebung des Verkehrs 105. — Starkes Auftreten der Holländer 105. — 1536 Privileg Franz I. 106. — Die Wirkung der deutsch-französischen Kriege auf den Handel 107. — 1552 Privileg Heinrichs II. Wiederaufnahme der Baienfahrten 108. — Baiensalzhandelsunternehmungen in Deutschland 109. — Tätigkeit des Kurfürsten August von Sachsen 109. — Bestätigung der Privilegien durch Franz II. 1559 und Karl IX. 1561 110. — Einwirkung des dänisch-lübisch-schwedischen Krieges 1563—1570 110. — Neue Versuche, mit Frankreich Handelsverträge abzuschließen; Charles Dançay 111. — Große Unternehmungen seit 1571 113. — Die Einwirkung der Hugenottenkriege auf den Handel; desgl. der spanisch-englisch-niederländischen Kriege 114. — Erneuerung der Privilegien 1604 115. — Die politische und wirtschaftliche Stellung der Hanse 115. — Bedeutung Hamburgs im Baienverkehr seit dem Anfang des 17. Jahrhunderts 117. — Der Baienhandel im 18. Jahrhundert 118.

Abkürzungen.

H. U. B. = Hansisches Urkundenbuch.
H. R. = Hanserezesse.
   (H. R.¹ = Hanserezesse 1. Abteil., hg. von K. Koppmann.)
   (H. R.² = Hanserezesse 2. Abteil., hg. von G. Frhr. v. d. Ropp.)
   (H. R.³ = Hanserezesse 3. Abteil., hg. von D. Schäfer.)
MG. SS. = Monumenta Germaniae historica, Abteilung Scriptores.
Z. d. wpr. G. V. = Zeitschrift des westpreußischen Geschichtsvereins.
H. G. Bl. = Hansische Geschichtsblätter.
H. G. Q. = Hansische Geschichtsquellen.

I. Die Örtlichkeit.

Die Fahrten nach der Baie (Baye, Bage) haben in der hansischen Welt des 14. und 15. Jahrhunderts eine hervorragende Stelle eingenommen. Baienfahrer, Baienflotte und Baiensalz sind Namen, die uns in den hansischen Schriftstücken jener Zeit häufig begegnen.

Über den Namen Baie hat lange Unklarheit geherrscht. Daß die Baienfahrten nach der Westküste Frankreichs gingen, daran ist wohl kaum je gezweifelt worden. Noch die älteren hansischen Geschichtschreiber der ersten Hälfte des 19. Jahrhunderts, wie Burmeister[1] und Schlözer[2], verstanden unter der Baie die Bucht von Biskaya, und auch Dahlmann hielt die baiesche Flotte für gleichbedeutend mit der biskayischen.[3] Hirsch in seiner Handelsgeschichte Danzigs[4] hat das Verdienst, diese irrtümliche Meinung beseitigt zu haben. Er erkannte richtig, daß die Baie nicht ein weit ausgedehntes Meeresgebiet sei, sondern ein ganz bestimmter Punkt an der Westküste Frankreichs. Heute, wo uns die großen hansischen Publikationen zu Gebote stehen, in denen so und so oft von Fahrten nach der Baie die

---

[1] Burmeister, Beiträge zur Geschichte Europas im 16. Jahrh., S. 125.
[2] Schlözer, Verfall und Untergang der Hansa, S. 58.
[3] Dahlmann, Gesch. von Dänemark III, S. 130.
[4] Hirsch, Danzigs Handels- und Gewerbsgeschichte, S. 90 ff.

Rede ist, können wir an der Richtigkeit dieser Ansicht nicht mehr zweifeln.

Wo lag nun die Baie?

In mehreren Briefen, die Danzig 1425 an den Herzog der Bretagne richtete, wird die Baie als ein zu seiner Herrschaft gehöriger Hafen bezeichnet.[1] Die Kartensammlung des Wagner von Enkhuisen, die unter dem Namen „Spiegel der Seefahrt" 1589 erschien, verzeichnet südlich der Loiremündung einen kleinen Küstenplatz „Baye", unweit der Stadt Bourgneuf.[2] Daß dieses der von den Hansen besuchte Hafen Baie sei, glaubt Hirsch aus einem interessanten Dokumente schließen zu dürfen, das er in seiner Handelsgeschichte (S. 274, Beil. III) abdruckt. Darin heißt es: In der Fastenzeit 1443 kam eine preußisch-livländische Flotte in die Baie und fand hier einige englische Schiffe vor. Auf die Kunde, daß eine mächtige niederländische Flotte herankomme, die feindliche Absichten gegen sie hege, zogen die Schiffer aus der Ostsee ihre Schiffe zusammen und rüsteten sich zur Abwehr. Montag vor Ostern erschienen die Holländer vor der Baie, die kleineren Schiffe segelten hinein, die großen blieben draußen, begaben sich aber auch bald in den Hafen. Des Abends kam ein Teil der Matrosen ans Land und fing mit den Engländern Händel an. Am nächsten Tage kam es wiederum zu einer argen Rauferei. Schließlich mischten sich die Preußen ein und vermittelten einen Vertrag, nach welchem die Holländer sich verpflichteten, in Bunde (= Bouin) ans Land zu gehen, die Engländer aber in Borneff (= Bourgneuf).

Auf Grund dieses Dokuments und im Anschluß an den von Wagner verzeichneten Platz hält Hirsch die Baie für einen kleinen Hafenplatz südlich von Nantes, wo die Hansen und andere Handelsleute landeten, um an Ort und Stelle oder in

---

[1] Hirsch, S. 90, A. 56. Vgl. auch H. R.² VII, 239.
[2] Nach Hirsch, S. 91.

den benachbarten Binnenstädten (Bouin und Bourgneuf) ihre Einkäufe zu machen.¹

Mit Recht hat Koppmann² gegen diese Ansicht Bedenken erhoben. Einmal ist doch die Angabe eines Geographen aus so früher Zeit ein sehr unsicheres Dokument, sodann hat es in der Nähe von Bourgneuf niemals einen Ort Baye gegeben. Trotz eifriger Nachforschungen in der dortigen Gegend habe ich einen solchen Ort Baye oder Spuren davon nicht entdecken können.

Aus dem Dokument ist weiter nichts zu entnehmen, als daß es sich hier um die Bucht resp. um den Hafen von Bourgneuf handelt; die Namen Bourgneuf, Bouin, ferner das Kloster, das erwähnt wird, — ein solches befand sich in Bourgneuf — lassen darüber keinen Zweifel aufkommen.

Ein in neuester Zeit im hansischen Urkundenbuch veröffentlichter Brief³ führt uns in der Erklärung des Wortes Baie weiter. Bourgneuf schreibt am 12. März 1452 an den Hochmeister Ludwig von Erlichshausen: «Idcirco honoribus vestris in quantum possumus certificamus ac pro veritate referimus, quod nuper et in mense Februario ultime praeterito accesserunt in hoc pago de Burgo Novo in Radesiis, quae dicitur la Baie, plures de potestate vestra». Die Unterschrift lautet: Scriptum apud Burgum Novum in Radesiis, quae dicitur vulgariter la Baie in Britannia.

Diese Urkunde läßt keinen Zweifel mehr über die Sachlage: Die Baie von Bourgneuf war in der hansischen Welt so bekannt, daß man sie kurz „die Baie" nannte. Diesen Namen übertrug⁴ man auf den Hauptort Bourgneuf und das an-

---
¹ Hirsch, S. 91.
² Karl Koppmann, Das Seebuch, S. XXI, A. 1.
³ H. U. B. VIII, 129.
⁴ Eine solche Namenübertragung war nichts Außergewöhnliches im Munde der niederdeutschen Kaufleute. Nannten sie doch das Salz, das

grenzende Küstenland, die Niederung zwischen der Meeresküste und den Höhenrücken im Osten und Süden.

An der Grenze dieser Niederung liegen die folgenden Ortschaften: Im Norden les Moutiers, in südöstlicher Richtung davon nacheinander Bourgneuf, St. Cyr, Fresnay, Machecoul und zwar so, daß die Entfernung zwischen les Moutiers und dem letztgenannten Orte etwa 16 km beträgt. Bei Machecoul biegen die Höhen nach Südwesten; an ihrem Fuße liegen Bois de Céné, Châteauneuf und Beauvoir-sur-Mer, dieses von Machecoul ungefähr 20 km.

Auf diesem Raume lagen die marais salants, die dem hansischen Kaufmann das Salz lieferten.

Die Salinen haben eine rechteckige Gestalt. Die Hauptgräben, die ihnen das Meerwasser aus der Baie zuführen, nennt man étiers. Bei Le Collet beginnt der Etier du Dain, in seinem ersten Teil Etier du Sud genannt. In weitem Bogen durchzieht er das Land und geht nördlich von Beauvoir wieder ins Meer. Von diesem Kanal gehen nun andere étiers aus, deren Zahl zu groß ist, als daß es sich verlohnte, alle anzuführen. Nur die wichtigsten sollen hier genannt werden. Nach Norden geht der Etier du Collet, der nach Bourgneuf hin den Etier de la Taillée entsendet, nach Osten der Etier du Port la Roche, der sich teilt in den Etier de la Gravelle, den Etier de la Salle und den Etier Loyau. Auch die Ile de Bouin besitzt eine Reihe solcher étiers. (Siehe Karte III.) Von diesen Hauptgräben aus gelangt das Meerwasser durch die bras und

---

sie von dort herholten, auch Baie. Vgl. Sattler, Handelsrechnungen des deutschen Ordens, S. 498: 2 Hundert Baie. — Zur Bestätigung sei noch angeführt, daß Herzog Johann V. von der Bretagne in einem Privileg für die Einwohner von Guérande ausdrücklich sagt: le pays de la Baie. S. Archives de Bretagne, recueil d'actes, de chroniques et de documents historiques rares ou inédits, publié par la Société des Bibliophiles bretons et de l'histoire de Bretagne VI, 1451.

Die Örtlichkeit. 5

rebras (canaux ober branches) in die fossés; die fossés leiten
es in die métières und diese in die marais salants. Hier an=
gelangt, hat es noch verschiedene Räume zu durchlaufen (tesselière,
les dehors, le haut-terre-main, le bas-terre-main), bis es
gereinigt in die œillets ober aires tritt. Die einzelnen Teile
des marais sind durch sogenannte sentiers von 50 cm Breite
und 20 cm Höhe voneinander geschieden. Der marais selbst
ist von einem Damm umgeben, der bossis genannt wird. Diese
bossis werden meist mit Weizen oder Bohnen bepflanzt.

Die Hauptzentren der Salzgewinnung waren Bourgneuf,
Bouin, Beauvoir und la Barre de Monts, sodann der nörd=
liche Teil der Insel Noirmoutier. Um Bouin und Beauvoir
herum, ferner auf Noirmoutier wird noch heute viel Salz ge=
wonnen. Dagegen sind bei Bourgneuf nur noch wenige marais
zu finden; die meisten sind zugeschüttet und werden als Acker=
land oder Wiesen verwandt. Bei Fresnay und Machecoul sind
die Salinen überhaupt aufgegeben worden.

Werfen wir einen Blick auf die Karte von 1696, so sehen
wir, daß das ganze Gebiet zwischen Bourgneuf und Port la
Roche — in gerader Entfernung 6 km — westlich bis zum
Dain, östlich bis ungefähr Machecoul reichend, mit Salzteichen
dicht besät ist, desgleichen die Ile de Bouin. Leider stehen aus
dieser Zeit keine Zahlen zur Verfügung. Doch mögen solche
aus dem Jahre 1711 die Ausdehnung des Betriebes veran=
schaulichen[1]:

---

[1] Departementalarchiv von Nantes C 703, Carton 28, Cotes 1—3.

Beauvoir	12 000 aires	(= œillets)
Notre Dame de Monts	5 000	"
St. Gervais	5 000	"
Bourgneuf } St. Chr }	40 000	"
Les Moutiers	5 000	"
Machecoul	8 000	"
Fresnay	5 000	"
Bois de Céné	6 000	"
Noirmoutier	27 000	"
Bouin	80 000	"
S.	193 000 aires.	

1 aire hat 65 qm Oberfläche.[1] Folglich besaß Bourgneuf 40 000 × 65 qm dieser aires = 260 ha. Im Jahre 1852 hatte es nur noch 119 ha 98 a 95 qm marais salants.[2] Wir haben also eine bedeutende Abnahme gegen das Jahr 1711. Seitdem ist die Zahl der marais noch geringer geworden, wenn sie auch bei Bouin und Beauvoir nicht in dem Maße abgenommen hat.

Der Grund dieses Rückgangs liegt gewiß hauptsächlich in der Art der Salzgewinnung, die von der Witterung zu sehr abhängig ist. Ist der marais gefüllt und beginnt das Salz sich zu kristallisieren, so kann der geringste Regenguß jeden Ertrag zu nichte machen. Nur bei hoher Temperatur und bei trockenen Winden bildet sich das Salz, bei nasser Witterung ist jede Ernte unmöglich. Daher kann diese Gegend die Konkurrenz südlicher gelegener Plätze, die weniger unter der Ungunst der Witterung zu leiden haben, schwer aushalten, und die Folge

---

[1] Piet, Recherches sur l'île de Noirmoutier, Nantes 1863, S. 37.
[2] J. Chevas, Notes historiques et statistiques sur les communes du département de la Loire-Inférieure I, Nantes 1852, S. 129.

davon ist, daß die Bewohner dieses mühselige, wenig lohnende Geschäft allmählich aufgeben und ihren Erwerb in anderen Betrieben suchen.

Der wichtigste Ort in der Baie ist Bourgneuf; es zählt mit St. Cyr zusammen ungefähr 3000 Einwohner. Bourgneuf ist Hauptstadt des gleichnamigen Kantons, der folgende Gemeinden umfaßt: Bourgneuf (mit St. Cyr), Chéméré, Fresnay, St. Hilaire de Chaléons, la Bernerie und les Moutiers. Die Stadt liegt 39 km südwestlich von Nantes. Die Eisenbahn verbindet sie mit dem Badeort Pornic und mit Nantes.

Bevor das Meer sich zu dem Punkte zurückgezogen hat, wo wir es heute finden, besaß Bourgneuf einen bedeutenden Hafen. Dieser, meist Port du Collet genannt, ist da zu suchen, wo heute die Polders St. Céran liegen; nach Süden dehnte er sich bis zur Mündung des Etier du Port la Roche aus. (Vgl. die Karten.) Ein breiter schiffbarer Meeresarm erstreckte sich bis nach Bourgneuf. 1626 kam eine Schwester Ludwigs XIII. dorthin, um das Meer zu sehen.[1] Es muß also noch zu dieser Zeit bis an die Stadt gereicht haben.

Seitdem haben sich die Verhältnisse gewaltig geändert. Schon die Karte von 1696 zeigt die fortschreitende Versandung des Port du Collet. Heute ist von dem früheren Hafen nichts mehr zu sehen. Der schiffbare Kanal ist zu einem schmalen Graben geworden. Die Stadt selbst liegt 2 km vom Meere entfernt.

Die Anfänge von Bourgneuf sind in tiefes Dunkel gehüllt. Die Etymologie des Wortes weist uns darauf hin, daß es ehemals ein anderes Dorf in der Nähe gegeben haben muß, von dem aus Bourgneuf („das neue Dorf") gegründet worden ist. Kirchlich gehörte Bourgneuf lange Zeit zu dem naheliegenden

---

[1] Chevas, S. 34.

St. Cyr¹; demnach ist St. Cyr der ältere Ort. Da dieses aber zu weit vom Meere entfernt lag, so wählte der handeltreibende Teil der Bevölkerung einen günstiger gelegenen Platz aus und nannte diese Neugründung Bourg=neuf. Wann sie erfolgt ist, kann leider nicht festgestellt werden.

Urkundlich begegnet uns Bourgneuf zuerst im Jahre 979. In diesem Jahre bestätigte König Ludwig die Besitzungen der Kirche von Orléans; Hugo Capet und König Robert wiederholten die Bestätigung in den Jahren 990 und 991.² In diesen Urkunden werden unter anderen das monasterium St. Laurentii, St. Gervasii, Prisciniacum (wohl Prigny) 2c. genannt cum rebus omnibus ad praedicta monasteria pertinentibus; dazu werden gerechnet im Gau von Nantes: Novavilla, Buxiacus (Buniacus)2c. Ein Laurentiuskloster gab es in Bourgneuf.³ Buxiacus und Buniacus sind lateinische Namen für Bouin.⁴ Novavilla kann nichts anders sein als die lateinische Bezeichnung für Bourgneuf; die Erwähnung des Klosters und des naheliegenden Bouin macht diese Annahme durchaus wahrscheinlich.

Aus der Tatsache, daß Bourgneuf bereits in so früher Zeit ausdrücklich in den Urkunden genannt wird, geht mit ziemlicher Sicherheit hervor, daß wir es hier mit einem entwickelteren Ort zu tun haben, wo schon größeres Leben herrschte.

Acht km südwestlich von Bourgneuf liegt Bouin, das zum Departement Vendée gehört. Es ist eine der vier Kommunen von Beauvoir. Im Mittelalter lag Bouin noch auf einer

---

¹ Chevas, S. 9 und 10; vgl. auch Cartulaire de Redon, hg. von Courson in den Documents inédits, S. 512: St. Cyr et Bourgneuf sa trêve.

² Bouquet, Recueil des historiens des Gaules et de la France IX, S. 660; X, S. 556 IX; X, S. 573 I.

³ Orieux et Vincent, Histoire et géographie de la Loire-Inférieure II, Nantes 1895, S. 535; Chevas, S. 11.

⁴ Luneau et Gallet, Documents sur l'île de Bouin, Nantes 1874, S. 13.

wirklichen Insel, die durch den breiten Meeresarm des Dain vom Festland geschieden war. Heute kann man eigentlich von einer Insel nicht mehr reden, da der Dain nur noch ein schmales Gewässer ist; doch hat die Insel ihren Namen bis heute bewahrt.

Bouin wird schon früh in mittelalterlichen Urkunden verzeichnet. Die sogenannten Annales Einhardi berichten zum Jahre 820, daß die Normannen an der aquitanischen Küste ein Dorf mit Namen Buyn geplündert hätten.[1] Andere Handschriften nennen den Ort Bundium und Buynbundium.[2] Die vita Hludowici hat Buin.[3]

Die Plünderung durch die Normannen belegt die Wichtigkeit, die die Insel damals bereits hatte. Da die Normannen auf ihren Zügen auch Handelsinteressen verfolgten, so ist klar, daß Bouin ihnen wegen seines Salzbetriebes schon bekannt war; anderenfalls würden sie diese öde, unwirtliche Küste kaum besucht haben.

In Verbindung mit den Normanneneinfällen wird uns Bouin noch einmal genannt. Die Translatio St. Philiberti[4], die im 9. Jahrhundert von dem Mönch Ermentarius niedergeschrieben ist, berichtet bei der Aufzählung der Wunder, die die Überreste des Heiligen im Kloster Deas (heute St. Philbert de Grand-Lieu am Lac de Grand-Lieu) gewirkt hätten, daß eine lahme Frau aus Borginnum geheilt worden sei.[5] An einer anderen Stelle dieser Translation heißt der Ort Boginnum.[6] Wenn auch die Translatio wenig geschichtlichen Wert beanspruchen kann, so liefert sie uns doch für die historisch-geographische Kenntnis dieser Gegend schätzenswerte Beiträge.

---

[1] Ann. Einhardi (Scr. rer. Germ.), S. 154.
[2] Ann. Einhardi, S. 154, Anm.
[3] MG. SS. II, S. 625.
[4] Acta Sanctorum Boll., 20. August IV, S. 81; vgl. auch unten S. 12.
[5] Translatio, S. 85.
[6] Translatio, S. 90.

In einer Urkunde des Jahres 979 finden wir die Be=
nennung Buxiacus, in einer solchen des Jahres 991 Buniacus.[1]
In einer Urkunde des Jahres 1412[2] ist der Ort Buginum ge=
nannt. In den französischen Urkunden des Mittelalters treffen
wir die Namen Boign, Boing, Bouing[3], Bezeichnungen, die mit
dem dialektischen bougner (= baigner) zusammenhängen und
auf die zahlreichen Überschwemmungen hindeuten, denen die
Insel ausgesetzt war.[4] Die Bauern sprechen noch heute Bougne.

Bouin besaß für den Handel ganz vorzügliche Häfen. Im
Norden lag der Port du Collet, im Süden der Port de l'Epois.
Der Dain war noch ein breiter Meeresarm, der allen Schiffen
Zugang gestattete und ihnen einen sicheren Ankerplatz bot. Punkte,
die heute einige Hundert Meter von ihm entfernt liegen, wie
la Culnauderie, Bouin, les Billarderies, la Guillaubière, le
Port la Roche, le Port de Beauvoir wurden im Mittelalter
unmittelbar von seinen Wassern bespült.[5] 1588 muß der Dain
noch eine ansehnliche Breite gehabt haben; denn Heinrich von
Navarra konnte ihn nach der Eroberung von Beauvoir, als er
die Insel Bouin besuchen wollte, infolge heftiger Stürme nicht
überschreiten.[6] 1654 war der Dain bei Port la Roche noch
schiffbar; Paul de Gondi, Kardinal von Retz, schiffte sich hier
ein, um nach Belle=Ile zu fliehen.[7] Heute ist der Port la Roche
völlig versandet, ein elendes Dorf inmitten der marais. Die
Karte von 1696 gibt dem Dain noch eine ziemliche Breite,
stellenweise von $^1/_4$ lieue (= über 1000 m).

Seitdem sind wie bei Bourgneuf auch hier gewaltige Ver=
änderungen vor sich gegangen. Der Dain ist zu einem schmalen

---

[1] Bouquet IX, S. 660; X, S. 573¹; vgl. oben S. 8.
[2] Luneau-Gallet, Urk. Nr. 7.
[3] Luneau-Gallet, Urk. Nr. 3, 4, 5, 6, 9, 10 ꝛc.
[4] Luneau-Gallet, S. 13.
[5] Luneau-Gallet, S. 15.
[6] Mémoires de la Ligue II, S. 528.
[7] Mémoires du Cardinal de Retz III, S. 439.

Wasserlauf von höchstens 5 m Breite geworden. Zuerst versandete er auf der östlichen Seite; seit 1700 ungefähr wurde auch die bis dahin noch schiffbare westliche Seite mit Sand und Schlamm angefüllt.[1] Gegen 1780 vermochte der Hafen von Bouin keine Schiffe mehr aufzunehmen. Man mußte das Salz auf Wagen nach dem weiter nördlich gelegenen Port du Sud bringen, um es dort zu verladen.[2]

Sieben km südwestlich von Bouin liegt das Städtchen Beauvoir, das gleichfalls im Mittelalter ein Hafenplatz war bezw. einen solchen in le Port besaß. Heute ist der Dain 1 km von le Port entfernt.

Von Beauvoir zu Fuß oder von dem 6 km südwestlich gelegenen Barre de Monts mit dem Schiff erreicht man bequem die Insel Noirmoutier. Von Beauvoir beträgt die Entfernung bis zur Küste 5 km; durch das Meer führt eine feste Straße, le Gouas, die nur bei Ebbe passierbar ist. Ihre Länge beträgt 4 km. Der Name Gouas hängt zusammen mit dem dialektischen goiser und bedeutet: ein Gewässer durchwaten.

Die Insel Noirmoutier gehört zum Departement Vendée. Im Süden kommt sie dem Festlande sehr nahe, sie ist nur durch den 800 m breiten Détroit de Fromentine davon getrennt. Die marais salants befinden sich im nördlichen Teil der Insel und reichen bis dicht an die Stadt Noirmoutier heran.

Im frühen Mittelalter führte die Insel den Namen Herio insula oder Heis. Nach der Gründung des Benediktinerklosters (675) wurde sie auch Hermoutier genannt, doch überwiegt die zuerst genannte Bezeichnung.[3] „Noirmoutier" entstand wohl direkt aus nigrum monasterium, dem Namen des Klosters.[4]

---

[1] Luneau-Gallet, S. 29.
[2] Luneau-Gallet, S. 16.
[3] Vgl. Bouquet VI, S. 223, 516, 563, 307 A.; VII, S. 218, 226.
[4] Darüber f. Bouquet III, S. 599, A. und VI, S. 307, A.; vgl. auch Gallia christiana II, S. 1425.

Die Insel hat schon früh in der Geschichte eine Rolle gespielt. Wir wissen, daß Abalhard dort als Verbannter Kaiser Ludwigs lebte.[1] Dann wird ihrer häufig während der Normanneneinfälle gedacht. Wir hören von Plünderungen in den Jahren 819, 843 und 846.[2] Wegen der großen Unsicherheit verließen die Mönche im Jahre 834 die Insel.[3] 836 wurden die Gebeine des heiligen Philibert geholt[4] und nach dem Kloster Deas gebracht, wo sie vor den normannischen Räubern sicherer waren.

Die Baie von Bourgneuf dehnt sich aus zwischen der Pointe de St. Gildas im Norden und der Insel Noirmoutier im Süden. Im Norden bespült sie eine hohe, prächtige Felsenküste, das Gestein tritt hier dicht an das Meer heran. Erst bei les Moutiers wird die Küste flacher, die Felsen treten ganz zurück. Das ganze südöstliche Gestade der Baie ist flach. Die Nordküste von Noirmoutier ist wieder felsig, teilweise sehr hoch, namentlich in dem herrlichen Bois de la Chaise, das sich nordöstlich von der Stadt Noirmoutier hinzieht.

Heute ist die Baie in ihrem östlichen und südöstlichen Teil weithin mit Sand und Schlamm angefüllt. Nur bei Flut erreicht das Wasser die Küste, bei Ebbe bleibt es 3—4 km von derselben entfernt, so daß die zahlreichen der Küste vorgelagerten Klippen vom Wasser frei werden.

Wegen der vielen Klippen und Sandbänke ist die Fahrt in der Baie stets gefahrvoll gewesen. Schon das Seebuch[5], das wahrscheinlich aus dem 15. Jahrhundert stammt, gibt bes=

---

[1] Wattenbach, Deutschlands Geschichtsquellen I⁷, S. 300; Simson, Ludwig der Fromme I, S. 21; MG. SS. II, S. 527.

[2] Bouquet VI, S. 516; VII, S. 218, 226.

[3] Simson, Ludwig der Fromme II, S. 124; Ann. Engolismenses, i. b. MG. SS. XVI, S. 485; Chron. Aquit., SS. II, S. 252 (gibt fälschlich das Jahr 830 an).

[4] Translatio St. Philiberti.

[5] Das Seebuch, S. 23, Kap. VII, § 1.

halb ziemlich genaue Anweisungen über den einzuschlagenden Weg. Es heißt da: Derjenige, welcher in die Baie segeln will, soll das Eiland, das man Pilgere (= le Pilier) nennt, rechts liegen lassen, und wenn er bei dem Eilande ist, soll er ostnordost gehen um der Felsen willen, die man Permeine (= Pierre Moine) nennt, und die bei Flut unter Wasser sind. Er soll dicht an ihnen vorbeisegeln, indem er sie rechts läßt, und so lange ostnordost gehen, bis daß das Kastell van den Armborsters (= Schloß von Noirmoutier) von ihm südsüdwest liegt. Dann soll er sich dem Eiland van den Armborsters (= Insel Noirmoutier) nähern und auf drei oder vier Faden vor Anker gehen.

Die andere Fassung[1] schreibt vor: Derjenige, welcher in die Baie segeln will, soll das Eiland, das man Pekelers (= Ile du Pilier) nennt, rechts liegen lassen, und wenn er bei dem Eiland angekommen ist, soll er nach Osten fahren, solange bis er Permeyne (= Pierre Moine) passiert hat. Dann soll er ostsüdost gehen nach Reghilionis sant.

Es werden also zwei Ankerplätze angegeben, das Eiland van den Armborsters und Reghilionis sant.

Der erste ist klar, er wird etwa am Bois de la Chaise zu suchen sein, da, wo heute die Dampfer von Pornic anlegen. Der zweite macht Schwierigkeiten und hat bis jetzt noch keine genügende Erklärung gefunden.

Koppmann in seinem Seebuch (S. XXII) vermutet Beauvoir, ohne einen Grund anzugeben. Beauvoir aber liegt von Pierre Moine aus ganz südöstlich, ostsüdöstlich dagegen der Hafen von Bourgneuf (der Port du Collet). Dieser umfaßte, wie wir S. 7 gesehen haben, alles Land nördlich der Linie Pointe de la Coupelasse bis Port la Roche. In der Mitte dieser Linie verzeichnet die französische Generalstabskarte ein Gehöft la Réjonie, damals unmittelbar am Hafen gelegen.

---

[1] Das Seebuch, Kap. VII, § 1.

Dieses könnte im Munde der niederdeutschen Kaufleute zu Reghilionis umgemodelt sein. Da die angegebene Richtung genau zutrifft, wird nur übrig bleiben, diesen Ort als den im Seebuch genannten Ankerplatz anzunehmen.

Auch die Einfahrt in die Baie, sowohl wenn der Schiffer von Süden, als auch wenn er von Norden kommt, ist genau vorgeschrieben. Kommt er von Jle d'Yeu[1], so soll er in nordwestlicher Richtung fahren wegen der Klippen, die im Fahrwasser liegen, und soll der Jle du Pilier nicht näher kommen als auf zwölf Faden. Wenn der Schiffer von Belle=Jle[2] kommt, soll er ostsüdost halten. Will er dann in die Baie segeln, so soll er die Kirche, die an dem hohen Lande steht, holden an dat lant van der Colletten, und in den Graben von Prendi (= Prigny) hineinsegeln. Wenn er dann an dem sande Schit[3] vorbei ist, soll er in dat lant van der Colletten hineinfahren auf drei Faden.

Diese Angaben sind in mehrfacher Hinsicht interessant. Zunächst kann unter der kerke, die an dem hoghen lande stat, keine andere verstanden werden als die Kirche von Prigny. Sie ist die älteste der Gegend und diente, da sie auf einer Anhöhe stehend weithin sichtbar war, dem Schiffer als Richtzeichen. Sodann sehen wir, daß Prigny mit dem Meere durch einen schiffbaren Wasserarm verbunden war, der nach Süden in den Port du Collet mündete. (Siehe Karte I.) Dat lant van der Colletten, das nicht, wie Breusing meint[4], das Land westlich von Pornic ist, sondern südlich von Prigny liegt und noch heute le Collet heißt, war also eine wirkliche Insel[5] wie Bouin.

---

[1] Das Seebuch, Kap. IX, §§ 32—34.
[2] Das Seebuch, Kap. XIII, §§ 27—30.
[3] Den Sand Schit vermag ich nicht recht zu erklären, vielleicht ist es les Sables bei Prigny.
[4] Das Seebuch, S. XXXIII, A. 11.
[5] Vgl. Ch. M. de Sourdeval, Études physiques et historiques sur le littoral vendéen, compris entre St. Gilles-sur-Vie et Bourgneuf-

Die Örtlichkeit.

Auch hier haben Jahrhunderte das Ihre getan, der Gegend einen ganz anderen Charakter zu geben: Le Collet ist jetzt vollständig mit dem Festlande verbunden.

Die Fahrt nach der Baie ging wohl meist an der Küste entlang, da ja in der Regel der mittelalterliche Seemann aus Furcht, seinen Kurs zu verlieren, nahe am Lande blieb. Zwar wird die Fahrt von der Westküste Jütlands bis Flandern oder England, zumal bei günstigem Wetter, durchs offene Meer gegangen sein[1]; von da an aber blieb man nicht allzuweit von der Küste entfernt. Entweder schlug man nun den Weg entlang der nordfranzösischen Küste ein oder, was wegen des lebhaften Verkehrs mit England die Regel gewesen sein wird[2], man fuhr an dessen Südküste entlang. Von hier aus ging es dann in direkter Fahrt nach der Ile d'Ouessant und dem Cap Mathieu und weiter bis nach der Baie.

---

en-Retz, S. 6: Le Collet est un banc de gravier au fond de la baie de Bourgneuf . . . (Mémoires de la Société des Antiquaires de l'Ouest XXIX, 1864.)

[1] Vgl. Schäfer, Die Hansestädte, S. 199—200.
[2] Vgl. H. U. B. IV, 672, § 2; VIII, 84, § 31; H. R.² III, 530 u. 531; H. R.³ II, 510, § 39; Kunze, Hanseakten aus England, i. d. H. G. O. VI, Nr. 317.

II. Der Handel.

Die Baie mag in den Sommermonaten ein interessantes Bild geboten haben. So wenig Verkehr heute dort zu finden ist, so belebt dürfen wir uns die Gegend im Mittelalter vorstellen. Große Flotten verschiedener Nationen hielten sich bisweilen gleichzeitig dort auf, um den Ertrag der Gegend in ihre Heimat fortzuführen; 1542 waren z. B. 200 Schiffe auf der Reede von Bourgneuf versammelt.[1]

Als Hauptankerplätze werden wir uns den Dain und den Port du Collet mit dem nach Bourgneuf gehenden schiffbaren Meeresarm zu denken haben. Wir dürfen wohl annehmen, daß jede Nation einen besonderen Teil des Strandes besaß, wo sie ihre Waren lud. Als 1443 Holländer und Engländer in Streit gerieten, wurde entschieden, daß die Holländer bei Bouin, die Engländer aber bei Bourgneuf ans Land gehen sollten.[2]

Das Herbeischaffen der Waren geschah entweder vermittelst Wagen oder, was wahrscheinlicher ist, durch kleine Bote, die auf den unzähligen Kanälen, welche das Land durchschnitten, bequem den Verkehr zwischen den Schiffen und den Salzlagerplätzen aufrechterhalten konnten. Die weißen Salzhaufen, weithin dem Auge sichtbar, gaben wie noch heute der Gegend ihr eigentümliches Gepräge.

---

[1] Chevas, S. 158 (die Nachricht stammt aus dem Archiv der Familie Mourain).

[2] Siehe oben S. 2.

Ein genaueres Bild über den Verkehr an Ort und Stelle ist auf Grund des uns zu Gebote stehenden Materials nicht zu gewinnen.

Dagegen wissen wir genau, welche Waren der Kaufmann in der Baie lud.

Den wichtigsten Ausfuhrartikel bildete das grobkörnige Baiensalz. Die Niederdeutschen nannten es Bayesches, Bayes, Baygesz, Bages, Boyans solt, auch bloß Baie (Bayge)[1], die Franzosen sel gros de la Baie oder einfach sel de la Baie. Vielfach finden wir auch die Bezeichnung Potauwes-sout (= Poitou=Salz).[2] Das hier gebräuchliche Maß war das Zent oder Hundert, welches 7½ hansischen Lasten gleich kam[3]; doch finde ich einmal das Hundert zu 7 Lasten angegeben.[4]

Ein anderer wichtiger Artikel war Poitou=Wein, der nach Pipen berechnet wurde. Bei den Hansen hieß er auch Bayswin oder bloß Poitou (Pentouw).[5] Dieser wuchs auf den Höhen, die sich von Bourgneuf bis Machecoul hinziehen und weiter im Innern des Landes. Daß man auch Orléans=Wein in der Baie kaufte, finde ich außer bei Hirsch[6] nirgends erwähnt. Es ist diese Annahme aber wenig wahrscheinlich, zumal für Orléans=Wein Nantes einen bequemen Stapelplatz bot.

Ein dritter Ausfuhrartikel war baiesches Kanevas, eine Art Segeltuch, das nach Zent (= 100 Ellen) gemessen wurde.[7] Ein ähnlicher Artikel war Kirsey, ein grobes, wollenes Zeug. Einmal finde ich Louwende (= Leinwand, namentlich die grobe zu Säcken) genannt.[8]

---

[1] Vgl. W. Stein, Handelsbriefe aus Riga und Königsberg, Nr. 19, 21, 23, 25, 27, i. d. H. G. Bl. 1898. Dazu H. U. B. V, 1084; H. R.¹ III, 425 A § 1; H. U. B. VIII, 989, § 6; 1160, § 43; H. R.³ VI, 281 D, 4.
[2] H. U. B. III, 499; IV, 672, § 2 und 806.
[3] Hirsch, S. 92. — [4] H. U. B. VIII, 380, § 5.
[5] H. U. B. VIII, 1160, §§ 30, 69; H. U. B. VIII, 84, § 31.
[6] Hirsch, S. 92.
[7] Hirsch, S. 92 und 256; H. R.² I, 381, §§ 88, 89, 98.
[8] H. U. B. VIII, 215, §§ 35 u. 37.

Neben diesen oft erwähnten Hauptartikeln Salz, Wein und Kanevas wird hin und wieder als Ausfuhrartikel Fisch angegeben. Angeführt finde ich einmal Lachs.[1] Vielleicht, daß man auch Lampreten in der Baie kaufen konnte[2], von denen wir wissen, daß sie sonst in Nantes geladen wurden.[3] Von anderen Waren werden noch genannt Öl und Seife.[4] Wenn hier und da auch Heringe auf Baienschiffen vorkommen[5], so wird anzunehmen sein, daß diese aus Deutschland ausgeführt wurden, um sie in der Baie zu verkaufen. Möglich ist auch, daß sie der Schiffsmannschaft zum Unterhalt dienten. Letzteres gilt sicher von Bier, das wir ebenfalls erwähnt finden.[6]

Zu diesen Handelsgegenständen, die direkt aus dem Lande bezogen wurden, kommt noch eine ganze Reihe anderer Artikel, die nicht dem Westen Frankreichs angehören, sondern Erzeugnisse des Südens sind. Es sind dies namentlich: Honig, Rosinen, Pfeffer, Früchte, Essig, Kork, Wachs, Feigen, Walnüsse, Zucker, Azoie und Pariskorn.[7] Die meisten dieser Waren wurden aus Lissabon bezogen.[8] Entweder holten sie die hansischen Kaufleute dort selber oder, was ebenso wahrscheinlich ist, Kaufleute aus Lissabon und der Bretagne brachten sie nach der Baie, wo sie dann von den Hansen verfrachtet wurden.

Wir sehen also, daß die Baie ein nicht unbedeutender Handelsplatz war, wo die Kaufleute des Südens ihre Waren zum Verkauf brachten. Die Baie bedeutete gewissermaßen für den Westen Frankreichs das, was die schonenschen Märkte für die

---

[1] H. U. B. VIII, 215, § 62: 1 Tonne Lachs = 2 Nob.
[2] Hirsch, S. 92.
[3] H. U. B. II, 324.
[4] H. U. B. III, 624; H. R.¹ II, 209, § 15; H. R.¹ V, 59, § 4.
[5] H. R.² II, 77.
[6] H. U. B. VIII, 215, § 62.
[7] H. U. B. VIII, 84, §§ 19, 23, 24; 215, § 47; 1160, §§ 30, 69. H. R.² I, 381, § 89; H. R.³ II, 21; Hirsch, S. 92 und 244.
[8] Hirsch, S. 85.

nordischen Gegenden waren¹: sie war für den Verkehr zwischen dem Süden und Norden Europas ein Stapel- und Umsatzplatz, nicht allein wichtig, weil man dort Salz und Wein holen konnte, sondern auch weil hier die Erzeugnisse des Südens bequem zu haben waren. Man darf dies nicht aus dem Auge lassen, um die Bedeutung der Baie als Verkehrszentrum recht zu verstehen und zu würdigen. Wir sehen hier eine Art Weltmarkt, wo der Süden und der Norden unseres Erdteils sich die Hand reichten und ihre Waren austauschten.

Der französische und portugiesische Kaufmann konnten hier die Erzeugnisse des deutschen und skandinavischen Nordens einhandeln. Wir dürfen annehmen, daß der hansische Kaufmann nicht ohne Fracht hierher kam. Das Privileg des Herzogs Franz von der Bretagne vom 16. Mai 1459 erwähnt ausdrücklich, daß die Hansen mit ihren Waren dort Handel zu treiben pflegten.² In der Tat hören wir wiederholt, daß hansische Schiffer mit Fracht nach der Baie fuhren, um dort die Güter zu veräußern.³ Als Einfuhrartikel werden hauptsächlich genannt: Roggen, Asche, Pelzwerk, schonensche Heringe, Pech, Teer, Mehl, Wagenschoß.⁴ 1490 gingen von Danzig nach der Baie 70 Last Roggen und 7 Last Asche.⁵ 1439 sandten drei genueser Kaufleute aus Brügge ihren Handelsgenossen in der Baie ein mit Pelzwerk beladenes Schiff.⁶ 1448 beklagten sich die vier Lede von Flandern, daß die Kaufleute von Brügge täglich viel Pelzwerk nach Nantes und Rochelle schickten.⁷ Auch flämische Laken wurden häufig von der Baienflotte mitgenommen.⁸

---

¹ Schäfer, Das Buch des lüb. Vogts auf Schonen, Einl. S. 64—66.
² H. U. B. VIII, 796.
³ Vgl. Livl. Urkdb. IX, 718.
⁴ Sattler, Handelsrechnungen, S. 74.
⁵ Z. b. wpr. G. V. XXXIII, S. 34.
⁶ Hirsch, S. 92.
⁷ H. R.² VII, S. 811, § 6.
⁸ H. U. B. VIII, 324.

Bei der Wichtigkeit der Baie im Verkehrsleben der hanfischen Welt ist es interessant zu sehen, welche rechtliche Stellung die Deutschen hier genossen. Das erste Privileg eines bretonischen Herzogs datiert, soweit bis jetzt bekannt ist, aus dem Jahre 1414; es ist an die Bürger von Kampen gerichtet.[1] Daß aber auch die übrigen hansischen Kaufleute nicht ohne Rechtsschutz waren, beweist ein Vorfall aus dem Jahre 1416. Ein portugiesisches Schiff, das ein lübischer Kaufmann gefrachtet hatte, wurde unter dem Vorwande, daß es nach England gehöre, bei Belle-Isle angehalten. Der Herzog verfügte jedoch Freilassung des Schiffes, als es sich herausstellte, daß der Frachtherr ein hansischer Kaufmann sei.[2] Das erste allgemeine Privileg, das, soweit wir wissen, ein bretonischer Herzog hansischen Kaufleuten erteilte, ist aus dem Jahre 1430; es bezog sich auf die Verkehrsfreiheit der Hansen in Nantes.[3] Dieses Privileg wurde 1433 auf das ganze Herzogtum ausgedehnt.[4] Daraus erfahren wir auch, daß schon vorher ähnliche bestanden; denn der Herzog sagt ausdrücklich: Ausquelz (nämlich den Kaufleuten der Hansestädte) de tous temps nous avons eu bonnes amitiéz, confédérations, mesmes les seurtéz et sauvegardes que paravant ces heures nous leur avions donnés par noz lettres soubz noz scelés etc. Da wir nun ferner bestimmt wissen, daß schon in früher Zeit für den Verkehr an der bretonischen Küste den fremden Schiffern sogenannte lettres de sauveté vom Herzog ausgestellt wurden[5], so dürfen wir wohl als sicher annehmen, daß die hansischen Kaufleute schon früh im Besitz weitgehender Rechte gewesen sind, zumal ihr Verkehr den Herzögen und deren

---

[1] H. U. B. V, 1123.
[2] Archives de Bretagne V, 1217 und 1218.
[3] Burmeister, S. 83.
[4] Archives de Bretagne VII, 2068.
[5] Pigeonneau, Histoire du commerce de la France I, S. 165.

Lehnsträgern große Vorteile brachte.[1] Daß es ihnen z. B. ge=
stattet war, am Lande Waffen zu tragen, steht fest. Da aber
der Verkehr im 15. Jahrhundert so außerordentlich zunahm,
sodaß oft Hunderte von Seeleuten am Lande sich befanden,
konnten natürlich Ausschreitungen nicht ausbleiben. So ist uns
aus dem Jahre 1443 eine Schlägerei zwischen Holländern und
Engländern bekannt.[2] 1452 verübten preußische Matrosen
grobe Exzesse in Bourgneuf; sie plünderten das Haus eines an=
gesehenen Kaufmanns, verstümmelten einen Barbier und töteten
verschiedene Bürger.[3] Um solchen und ähnlichen Vorgängen
vorzubeugen, wurde am 19. April 1458 ein Verbot gegen das
Waffentragen am Lande erlassen.[4]

Von großer Wichtigkeit für die Entwicklung des Handels
mußten natürlich die Zollsätze werden. Keineswegs war die
Ausfuhr des Salzes zollfrei. Wie aber die Verhältnisse in
Wirklichkeit lagen, läßt sich nicht mit vollständiger Sicherheit
darlegen. Einmal wurden, wie es scheint, Ufer= und Anker=
gelder gezahlt, Zölle also, die auch sonst im Gebrauch waren
und schon in der Merovingerzeit belegt sind.[5] Das Ufergeld
(droit de rive = ripaticum) betrug 1 Denar pro Last, das
Hafen= und Ankergeld (droit de port et ancrage = portaticum)
4 Denare für jedes Schiff. Außerdem scheinen noch der soge=
nannte „kleine Zoll" (petite coutume) = 10 Denaren für die
Last Salz und der Zehnte (la dîme) gezahlt worden zu sein.[6]

Die Einnahme aus diesen Ausfuhrzöllen stand dem Herrn
von Retz resp. dem von Thouars=Garnache zu, die jeder einen

---

[1] Vgl. das Privileg von 1433, wo dies hervorgehoben wird.
[2] Siehe oben S. 2.
[3] H. U. B. VIII, 129.
[4] H. U. B. VIII, 780 Einl.; Chevas, S. 22 berichtet es unter dem Jahre 1457.
[5] Waitz, Verfassungsgeschichte II³, 2, S. 303, 304.
[6] Luneau-Gallet, S. 57, 59, 60; Urkunde Nr. 5. Vgl. dazu Pigeonneau I, S. 96—98.

Teil der Insel Bouin in Besitz hatten.¹ In den Jahren, wo eine reiche Ausbeute eine große Schiffahrtsbewegung hervorrief, mußten sie ein bedeutendes Einkommen gewähren. Als dann im 15. Jahrhundert die Macht der Seigneurs durch die Königsgewalt gebrochen wurde, gingen die Zolleinkünfte an die Krone über. Ob die oben genannten Abgaben bestehen geblieben sind, kann aus Mangel an urkundlichem Material nicht entschieden werden. Doch gestattet eine Klage der Stadt Danzig bei Rochelle aus dem Jahre 1576 die Annahme, daß die Zölle im voraufgegangenen Jahre wesentlich erhöht worden waren.²

Mit diesen Ausfuhrzöllen nicht zu verwechseln ist die sog. gabelle oder Salzsteuer, eine Verbrauchssteuer, von der das ins Ausland gehende Salz direkt nicht betroffen wurde. Diese gabelle hat im 16. und 17. Jahrhundert mannigfache Änderungen erfahren³, wodurch die Salzindustrie und daher auch der Salzhandel schweren Schaden litten.

Neben der Baie waren noch andere Plätze an der westfranzösischen Küste für den hansischen Verkehr von Wichtigkeit. Für den Salzhandel ist Brouage zu nennen, das 11 km südwestlich von Rochefort und 2 km vom Meere entfernt liegt. Dieser Ort wurde namentlich in der späteren Zeit viel besucht und hat die Baie allmählich überflügelt. Im 16. Jahrhundert war Brouage neben Rochelle, Nantes und Bordeaux der wichtigste und besuchteste Hafen an der Westküste.⁴ Die Hansen

---

¹ Luneau-Gallet, Urk. Nr. 1, S. 229—230; Nr. 3, 4, 7, 12. Vgl. auch Paul Marchegay, Cartulaire des sires de Rays, Nantes 1857, Nr. 88 (Sonderabdruck aus der Revue des provinces de l'ouest, Jahrgang 3 und 4).

² Damus, Danzigs Beziehungen zu Frankreich, i. b. Z. b. wpr. G. B. V, S. 36, A. 1.

³ Pigeonneau II, S. 117—122 und Naudé, Die Getreidehandelspolitik der europäischen Staaten, in den Acta Borussica, Getreidehandelspolitik I, S. 34.

⁴ Pigeonneau II, S. 116.

nannten den Ort Brovase, Browasie, Borwasie, Barwase oder Bruwatze.¹ Brouage ist heute ein elendes Dorf, es zählt kaum 200 Einwohner. Während es im 16. Jahrhundert noch ungefähr 8000 ha Salinen besaß, gibt es deren heute höchstens 500², immer also noch mehr als bei Bourgneuf. Der Hafen war im Mittelalter den größten Schiffen zugänglich, jetzt ist er wie der von Bourgneuf vollständig versandet.

Der Hauptausfuhrartikel war Brouager Salz (barwadisch, borwaes, bruwais, burwasses solt), das in der Landschaft Sain=tonge und auf der gegenüberliegenden Insel Oléron gewonnen wurde, daneben Wein.³ Brouage spielte eine ähnliche Rolle wie die Baie; es war Stapelplatz für Salz, Wein und die Waren des Südens. Das Salzmaß scheint mit dem der Baie nicht ganz übereingestimmt zu haben. 16 Hundert Brouager Salz waren gleich 28 Hundert baieschen Maßes⁴; also war das Brou=ager Hundert = 1³/₄ baieschem Hundert.

Während die Baie und Brouage Hauptausfuhrhäfen für Salz waren, war Rochelle (Roszele, Rossele, Rosseel, Rotczelle) ein Hauptweinplatz. Hier wurden der Rocheller= (Rossels win)⁵ und Poitou=Wein⁶ geholt. Ferner lud man dort Salz, das wahrscheinlich von der gegenüberliegenden Insel Ré kam. Auch südländische Produkte wurden nach Rochelle gebracht und von den Hansen verschifft: Honig, Rosinen⁷, Romanyen= und Mal=vasier=Wein.⁸ Außerdem werden als Ausfuhrartikel noch ge=nannt Leinwand und Tücher.⁹

---

¹ Hirsch, S. 94; H. U. B. VIII, 84, § 36; H. R.³ II, 509, § 79; H. R.² I, 385, § 4.

² Charay de Franchimont, Notice sur le port de Brouage, Paris, imprimerie nationale.

³ H. R.³ II, 509, § 79; 510, § 18.

⁴ H. R.² VII, S. 734, § 77.

⁵ H. R.² VII, S. 730, § 41. — ⁶ Hirsch, S. 95.

⁷ H. R.² VII, S. 730, § 41.

⁸ Hirsch, S. 95. — ⁹ H. R.³ II, 511, § 24; H. U. B. V, 480.

Neben Rochelle kommen für die Weinausfuhr noch in Betracht Saintes und St. Jean d'Angély. Gascogner Wein holte man in Bordeaux (Bordeus oder Bordewis).[1]

Der Verkehr in den westlichen Gewässern entbehrte nicht der gesetzlichen Grundlage. Schon früh, aus dem Jahre 1266, haben wir eine Aufzeichnung von Seerechten, denen die Insel Oléron, wahrscheinlich weil sie damals der wichtigste Handelsplatz der Westküste war, den Namen gegeben hat. Diese rôles d'Oléron[2] waren zunächst bestimmt für die Westküste Frankreichs, namentlich werden genannt Bordeaux, Rochelle und die Küste der Bretagne; aber sie erlangten auch Gültigkeit in England, den Niederlanden und den Hansestädten.

Gehen wir den Bestimmungen im einzelnen nach, so finden wir, daß sie genaue Anweisungen geben über die Rechte und Pflichten der Schiffer und Kaufherrn, der Matrosen und Lotsen. Eingehend wird vor allem gehandelt über den Gebrauch des Strandrechts. Es war ja Sitte, daß die Waren, welche das Meer ans Land spülte, dem Landesherrn gehörten. Daß mit diesem Rechte mancher Mißbrauch getrieben wurde, ist klar und oft gerügt worden.[3] Schon 1236 hatte Heinrich III. von England Verfügungen erlassen über die Handhabung des Strandrechts an den Küsten von Poitou, der Gascogne und der Insel Oléron,[4] wodurch das Schicksal der Schiffbrüchigen wesentlich gemildert wurde. Nur wenn keiner von der Besatzung übrig blieb, sollten die Güter dem König verfallen. Ähnliche Bestimmungen enthalten die rôles d'Oléron: Wer wider den Willen der Schiffbrüchigen etwas nimmt, soll exkommuniziert und wie ein Räuber bestraft werden. Die gestrandeten Waren verbleiben

---

[1] Kunze, Hanseakten aus England, Nr. 60; Hirsch, S. 95.
[2] Pardessus, Collection des lois maritimes I.
[3] Schäfer, Die Hansestädte, S. 197.
[4] H. U. B. I, 292, A. 1.

dem Eigentümer. Wenn die ganze Schiffsmannschaft zu Grunde geht, sollen die Güter ein Jahr lang unter der Obhut des Landesherrn bleiben; meldet sich nach Ablauf dieses Zeitraums der Besitzer nicht, so soll das Gut verkauft und das gewonnene Geld zu wohltätigen Zwecken verwendet werden.

Natürlich konnten die Bestimmungen, wie sie in den rôles d'Oléron niedergelegt sind, einem entwickelteren Verkehr bald nicht mehr genügen. Auf den Hansetagen sehen wir denn auch wiederholt die Städte über seerechtliche Verhältnisse verhandeln. Für die Baienfahrt kommt hauptsächlich ein Beschluß in Betracht, der am 2. Juli 1401 in Lübeck gefaßt wurde und die Winterfahrt zwischen Martini und Lichtmeß untersagte.[1] Nur wenn der Schiffer vor dem 11. November eine volle Ladung Bier oder Heringe eingenommen hat, darf er noch später nach seinem Bestimmungsort fahren. (Beschluß vom 22. April 1403.)[2] Der Anfangstermin der Schiffahrt wurde Ende 1403 auf den 22. Februar hinausgeschoben.[3] Diese Bestimmungen über die Winterfahrt erfuhren für den Westverkehr eine Erweiterung. Es wurde gestattet, aus dem Swin und aus England zur Winterzeit westwärts zu fahren, und ebenso durften die Schiffe, die aus dem Westen von nod wegen in den Swin kamen, nach oder vor dem festgesetzten Termin ostwärts weiterfahren, wenn sie dort ihre Ladung nicht veränderten. (Beschlüsse vom 8. April 1404 und 12. März 1405.)[4] Diese Ausnahmen erwiesen sich als notwendig, um vor der Konkurrenz der Nichthansen, namentlich der Holländer, die ja im Baienverkehr allmählich eine große Rolle spielten, bestehen zu können.

Die Fahrten nach der Baie wurden wohl fast ausnahmslos in Flotten unternommen;[5] sie hießen Baienflotten und die

---

[1] H. R.¹ V, 23, § 5. — [2] H. R.¹ V, 128, § 2.
[3] H. R.¹ V, 158, § 2, Nr. 3. — [4] H. R.¹ V, 185, § 9; 225, § 7².
[5] Vgl. Stieda, Schiffahrtsregister, i. d. H. G. Bl., 1884; Lüb. Urkbb. VIII, 62, 65.

Schiffer Baienfahrer (Baivars). Dieses Zusammenfahren der Schiffe war unbedingt erforderlich, um den Gefahren, die auf der weiten Reise und namentlich in Kriegszeiten allenthalben drohten, besser begegnen zu können. Es scheint, daß alle Flotten, die aus dem Westen Frankreichs kamen, gemeinhin den Namen Baienflotten trugen. Es erklärt sich das daraus, daß die Schiffe, die weiter nach Süden fuhren, auf der Rückreise sich mit den Schiffen in der Baie vereinigten, um zusammen die Heimfahrt anzutreten. Aus dieser Tatsache versteht man, daß lange die Meinung vorherrschen konnte, daß die Baie nichts anderes sei als die Baie von Biskaya.

Wie man selten allein nach jenen westfranzösischen Salzplätzen fuhr, so segelte man wohl auch nie ohne hinreichenden Schutz. Die Handelsschiffe in diesem Verkehr waren gutgebaute, starke Fahrzeuge, wohlbemannt und -ausgerüstet, die, wo es Not tat, einen feindlichen Angriff aufnehmen konnten. In der Regel werden, besonders bei großen Flotten, auch Kriegsschiffe, sogenannte Friedenskoggen, mitgefahren sein.[1]

Um das Interesse des Schiffsvolks an der Erhaltung des Schiffes zu gewinnen, erhielt jeder, Schiffer sowohl wie Bootsmann, das Recht, eine bestimmte Menge Waren für sich zu laden.[2] Dieses Freigut, voringhe genannt, bestand bei den Baienfahrten aus einem Anteil Salz.

Mit großer Besorgnis sah man in den Hansestädten stets der Ankunft der Baienschiffe entgegen.[3] Größer als heutzutage waren die Gefahren, die dem Kaufmann und seinen Waren drohten. Zu den tückischen Elementen gesellte sich in jenen Zeiten die große Schar von Piraten aller Nationen, die auch

---

[1] Vgl. Hirsch, S. 266.
[2] Vgl. Schäfer, Die Hansestädte, S. 197.
[3] Vgl. Stein, Handelsbriefe aus Riga und Königsberg, i. b. H. G. Bl. 1898.

in friedlichen Tagen nie ganz vom Meere verschwanden. Dazu konnte der Kaufherr nie sicher sein, ob seine Schiffer aus Gewinnsucht nicht anderswo seine Waren löschten. Zwar standen auf solch treuloses Verhalten die strengsten Strafen; aber Ausreden gab es immer und von nodsaken wegen in einen fremden Hafen einfahren, konnte nicht gestraft werden.[1] In den meisten Frachtkontrakten, die wir besitzen, sind Bestimmungen dafür getroffen, wenn der Schiffer absichtlich oder gezwungen nicht an seinem Bestimmungsort, sondern etwa in Flandern oder England lösche.[2]

Da unser Versicherungswesen dem hansischen Verkehr des Mittelalters noch völlig unbekannt war, suchte man sich gegen alle Zufälligkeiten zu decken, indem man seine Waren nie auf einem Schiff verfrachtete. Daß eine größere Salzladung einem einzigen Eigentümer gehört hätte, ist wohl kaum vorgekommen. Der Kaufmann verteilte seine Waren auf mehrere Schiffe.[3]

Der hansische Kaufherr war auch stets ein tüchtiger Seefahrer. Da die Geschäfte damals fast ausschließlich persönlich gemacht werden mußten, so ließ er seine Schiffe selten allein fahren, sondern er zog mit über „See und Sand". Kaufmann und Schiffer waren eben noch nicht so scharf getrennte Begriffe wie heutzutage. Es gab keinen Schiffer, der an der Ladung des Schiffes oder am Schiffe selbst nicht auch als Besitzer beteiligt gewesen wäre.

War so der damalige Handel fast ausschließlich Properhandel, so finden sich doch auch Spuren von Kommissionsgeschäften und das namentlich im Baienhandel. Der Ausgangspunkt des Kommissionshandels liegt ja im Handel über See, in der Notwendigkeit, sich beim Handelsbetrieb am fremden

---

[1] Pauli, Lüb. Zustände im Mittelalter III, Urk. Nr. 242.
[2] Lüb. Urkdb. VII, 729; VIII, 62.
[3] Vgl. H. U. B. VIII, 215, § 37.

Ort vertreten zu lassen. Solche Vertreter, die dem Kaufmann auch in seiner Abwesenheit Handelsgeschäfte ermöglichten, nannte man Lieger; modern ausgedrückt sind es Faktoren oder Kommissionäre.

Diese Lieger spielten eine große Rolle im Baienhandel. Sie erscheinen als Aufkäufer des Salzes und als Zwischenhändler mit demselben. Natürlich unterlag das Salz bei dieser Art des Vertriebes nicht selten einer bedeutenden Preissteigerung. Wir begegnen Klagen auf hansischen Tagfahrten, daß durch diese Lieger dat solt deme gemenen manne in der Baie vorduret wert. Ja man beklagte sich sogar, daß das richtige Maß nicht geliefert werde[1] — Dinge, wie sie eben beim Zwischenhandel leicht vorkommen können.

Noch eine andere interessante Erscheinung bietet uns der Baienhandel. Wenn auch im hansischen Verkehr fast durchweg der echte, wahre Handel herrschte, der nur umsetzt, was vor Augen ist[2], so fehlte es doch keineswegs an Geschäften, bei denen die Spekulation eine Rolle spielte. Die Lieferungsgeschäfte (Termingeschäfte), die im heutigen Verkehr eine so große Wichtigkeit erlangt haben, waren schon im hansischen Baienhandel im Gebrauch. Eine Urkunde vom 9. Februar 1425 belegt das deutlich[3]: Hansische Kaufleute hatten sieben Schiffer aus Zierikſee und Westenschouwen in Dienst genommen, um aus der Baie Salz nach Reval zu holen. Als die beiden Städte ihren Schiffern die Fahrt nicht gestatten wollten, erklärten die Kaufleute, die Schiffer von dem Vertrag nicht entbinden zu können, da das Salz in der Baie bereits gekauft sei und auf Ostern geliefert werde.

Über die Preise der Waren sind wir genau unterrichtet.

---

[1] H. R.² II, 705.
[2] Schäfer, Die Hanseſtädte, S. 205.
[3] H. R.¹ VII, 795; Livl. Urkbb. VII, 242.

Das Salz weist in den verschiedenen Jahren erhebliche Schwankungen auf. Die von Hirsch in seiner Handelsgeschichte berechneten Preise lassen sich auf Grund neuerer Nachrichten noch ergänzen.

I. **Preise des Salzes.**[1]

1. In der Baie.

Es kostet

1 Last . . 1427 = $\begin{cases} 10 \text{ M. pr.} \\ 10^{2}/_{5} \text{ M. pr.} \\ 11 \text{ M. 2 Scot.} \\ 13 \text{ M. 8 Scot.}^{2} \end{cases}$

1436 = 9 M. 9 Scot.[3]

1438 = 21 M. 8 Scot.[4]

1440 = 12 M. pr.[5]

1452 = $\begin{cases} 2{,}96 \text{ M. pr.} \\ 2 \text{ M. pr.}^{6} \end{cases}$

---

[1] Die Preise für 1 Last sind in preußischem Gelde angegeben, außer für Flandern und in wenigen Fällen, wo der Wert des fremden Geldes in preußischer Münze nicht bekannt war. Zur Umrechnung fremden Geldes in preußisches habe ich hauptsächlich die Angaben bei Hirsch benutzt, dann die bei Stieda, Revaler Zollbücher und Quittungen, S. XI und XII und bei Sattler, Handelsrechnungen, S. XXXIX ff.

[2] H. R.² I, 381, S. 289/290. 3 Hundert kosten nämlich 225 M. pr., das Hundert also 75 M., die Last, deren 7½ auf das Hundert gehen, demnach 10 M. pr. Auf diese Weise läßt sich die Last leicht auch aus den übrigen Angaben berechnen: 2 Hund. = 156 M., 8 Hund. = 665 M., 3 Hund. = 300 M.

[3] Lüb. Urkdb. VII, 671. Hier ist der Preis für 1 Last in rigischem Gelde (= 11 M. 1 Ferding) angegeben. Da nach Hirsch, S. 243, in diesem Jahre die rigische Mark = 20 pr. Scot war, läßt sich der oben angegebene Preis leicht finden. — [4] Hirsch S. 258.

[5] Hirsch, S. 258. — 1449 wird die Last in einem lübischen Schadenverzeichnis mit 25 M. lüb., resp. 11⅓ M. lüb. berechnet (H. U. B. VIII, 380, § 5 und 215, § 56).

[6] H. U. B. VIII, 215, § 69. 10 Hund. kosten nämlich 31 Pf. 8 Schill. vläm., 6 Hund. = 12 Pf. 16 Schill. vläm. Da nach Hirsch, S. 243, in diesem Jahre das vlämische Pfund = 7¹/₁₂ M. pr. war, läßt sich der obige Preis leicht ermitteln.

Der Handel.

$1454 = 2^{7}/_{15}$ M. pr.[1]
$1455 = 15$ M. 1 Ferd.[2]

2. In Brouage.

$1438 = 36$ M. pr.[3]
$1439 = \begin{cases} \text{rund } 22 \text{ M. pr.} \\ 56 \text{ M. pr.}^{4} \end{cases}$
$1449 = 14$ M. pr.[5]

3. In Rochelle.

$1438 = 24$ M. pr.[6]

4. In Flandern (Brügge und Swin).

$1411 = 1^{3}/_{5}$ Pf. vl.[7]
$1423 = 1^{11}/_{15}$ Pf. vl.[8]

---

[1] H. U. B. VIII, 1160, § 14: 2 Hund. = 37 M. pr.

[2] H. U. B. VIII, 1160, § 43.

[3] H. U. B. VIII, 84, § 65: 1 wage Salz kostet 5 engl. Nobel; nun sind 5 Hund. Brouager Salz = 92 wege, 1 Hund. also = 18 wege. Folglich kosten 18 wege (oder 1 Hund.) = 18 × 5 Nob. = 90 Nob., die Last also 12 Nob. = 36 M. pr. (Vgl. Hirsch, S. 242.)

[4] H. R.² VII, S. 734, § 84: 3 Hund. Brouager Salz = 165 Nob., 1 Hund. also 55 Nob.; rechnen wir die Nobel zu 3 M. pr., so erhalten wir für die Last 22 M. pr. — H. R.² VII, S. 734, § 77: 2 Hund. Salz = 40 wege, 1 Hund. also = 20 wege. 1 wage kostet 7 Nob., 20 wege (oder 1 Hundert) also 140 Nob. = 420 M. pr., die Last demnach 56 M. pr.

[5] Hirsch, S. 258. — Im Jahre 1488 kostet das Hundert 23½ Kronen, 1489 24 Pf. vläm. (H. R.³ II, 510, § 34; 509, § 29.) Leider ist der Wert dieser Münzen in preuß. Gelde für diese Jahre unbekannt.

[6] Hirsch, S. 258.

[7] H. R.² I, 385, § 4: Das Hundert = 12 Pf. vl. Rechnen wir das Pf. vl. zu rund 3½ M. pr. (vgl. Sattler, Handelsrechn., S. XXXIX), so ergibt sich als Preis für die Last 5⅗ M. pr.

[8] Livl. Urkdb. V, 2703: Das Hund. = 13 Pf. vl. Da nach Hirsch, S. 243, in diesem Jahre 1 Pf. vl. = 6¹/₁₂ M. pr. war, ergibt sich als Preis für die Last 10½ M. pr.

Der Handel.

$$1429 = 1^{11}/_{50} \text{ Pf. vl.}^1$$
$$1440 = 2^{14}/_{15} \text{ Pf. vl.}^2$$
$$1449 = 1^{13}/_{15} \text{ Pf. vl.}^3$$
in Seeland $1408 = 1^{7}/_{10}$ Pf. vl.[4]

5. In England.

$1407 = 31$ M. 6 Sc.[5]

6. In Preußen (Danzig).

$1399 = 8$ M. pr.[6]
$1404 = 16$ M. pr.[7]
$1410 = 3$ M. 3 Ferd.[8]
$$\left.\begin{array}{l}1422\\1423\end{array}\right\} = 23 \text{ M. pr.}^9$$
$1427 = 120$ M. pr.[10]
fiel auf $= 24$ resp. 18 M. pr.
$1428 = 120$ M. pr.[11]
fiel auf $= 24$ M. pr.

---

[1] Sattler, Handelsrechn., S. 498: Das Hundert = 9 Pf. 3 Schill. Nach Hirsch, S. 243, galt 1 Pf. vl. in diesem Jahre = $5^3/_4$ M. pr., also kostete die Last in preuß. Gelde rund 7 M.

[2] Hirsch, S. 258: 1 Last = 22 M. pr. 1 Pf. vl. galt in diesem Jahre $7^1/_2$ M. pr. (Hirsch, S. 243).

[3] H. U. B. VIII, 84, § 23: 1 Hund. = 14 Pf. vl. 1 Pf. vl. galt 8 M. pr. (Hirsch, S. 243), also kostete 1 Last in pr. Gelde 15 M.

[4] H. U. B. V, 894: 1 Hund. = 12 Pf. 15 Schill. Der Wert des vl. Pf. in preuß. Gelde ist für dieses Jahr nicht bekannt.

[5] Hirsch, S. 258.

[6] Stieba, Revaler Zollbücher und Quittungen, i. d. H. G. Q. V., S. CXVII.

[7] Hirsch, S. 258.

[8] Sattler, Handelsrechnungen, S. 55.

[9] Hirsch, S. 258.

[10] Hirsch, S. 258; Scr. rer. Pruss. III, Fortf. d. Thorner Annalisten, S. 398.

[11] Scr. rer. Pruss. V, Bernt Stegmanns hauf. Chronik, S. 495. Hirsch gibt den Preis auf 14 M. an.

$$1433 = \begin{cases} 12 \text{ M. } 16 \text{ Sc.} \\ 14 \text{ M. } 2 \text{ Sc.} \\ 18 \text{ M. } 6 \text{ Sc.} \\ 19 \text{ M. } 6 \text{ Sc.}[1] \end{cases}$$

$$1434 = \begin{cases} 13 \text{ M. } 12 \text{ Sc.} \\ 14 \text{ M. } 21 \text{ Sc.} \\ 15 \text{ M. } 6 \text{ Sc.}[1] \end{cases}$$

1435 = 15 M. pr.[1]

$$1436 = \begin{cases} 13 \text{ M. } 8 \text{ Sc.} \\ 21 \text{ M. } 12 \text{ Sc.}[1] \end{cases}$$

1439 = 27 M. pr.[1]

$$1442 = \begin{cases} 15 \text{ M. } 6 \text{ Sc.} \\ 12 \text{ M. pr.}[1] \end{cases}$$

$$1443 = \begin{cases} 12 \text{ M. pr.} \\ 4 \text{ M. pr.}[1] \end{cases}$$

1444 = 13 M. pr.[1]

1448 = 12 M. pr.[1]

$$1450 = \begin{cases} 15 \text{ M. } 6 \text{ Sc.} \\ 16 \text{ M. } 12 \text{ Sc.}[2] \end{cases}$$

1452 = 12 M. 2 Sc.[2]

1453 = 11 M. 12 Sc.[2]

in Königsberg
 1460 = 78 M. pr.
 1461 = 90 M. pr.

resp. = 80—90 M. pr.[3]

1470 = 6½ M. pr.[4]

1485 = 40 M. pr.[5]

1486 = 40 M. pr.[6]

---

[1] Hirsch, S. 258.
[2] Hirsch, S. 259.
[3] Stein, Handelsbriefe, Nr. 21 u. 24.
[4] Weinreichs Danziger Chronik, hg. v. Hirsch und Voßberg, S. 9.
[5] Weinreich, S. 39.
[6] Weinreich, S. 45.

7. In Livland (Reval).

1373 = $5^7/_9$ M. pr.[1]
1378 = $6^2/_9$ M. pr.[2]
1379 = $6^2/_9$ M. pr.[2]
1381 = $6^2/_9$ M. pr.[2]
1382 = $6^2/_9$ M. pr.[2]
1383 = rund 6 M. pr.[3]
1384 = $6^2/_9$ M. pr.[4]
1394 = $5^1/_3$ M. pr.(?)[5]

nach Reval 1438 = 32 M. pr.[6]

in Riga 1458 = $\begin{cases} 30 \text{ M. pr.} & \text{vor} \\ 20-22 \text{ M. pr. nach} & \end{cases}$ Ankunft der Baienflotte.[7]

8. Auf Gotland.

1445 = 32 M. pr.[8]

9. In Kopenhagen.

1462 = $20^1/_2$ M. lüb.[9]

II. Preise des Weins.

Es kostet

1 Faß Bord.-Wein 1375 = $18^1/_3$—20 M. pr.[10]

---

[1] Stieda, Revaler Zollbücher, S. CXVII: 1 Hund. = 13 Pf. vl. = 65 M. lüb.; das Münzenverzeichnis, S. XII, setzt 1 M. pr. = $1^1/_2$ M. lüb.

[2] Stieda, S. LVIII: 1 Hund. = 14 Pf. vl. = 70 M. lüb.; $1^1/_2$ M. lüb. = 1 M pr., Münzenverzeichnis, S. XII.

[3] Stieda, S. LIX: 1 Hund. = rund 70 M. lüb.; $1^1/_2$ M. lüb. = 1 M. pr.

[4] Stieda, S. LIX: 1 Hund. = 70 M. lüb.; $1^1/_2$ M. lüb. = 1 M. pr.

[5] Stieda, S. CXVII: 1 Hund. = 15 Pf. vl. = 60 M. lüb.

[6] Hirsch, S. 258.

[7] Stein, Handelsbriefe, Nr. 3, 10, 14, 15, 16.

[8] Hirsch, S. 258.

[9] Lüb. Urkbb. X, 283.

[10] H. R¹ III. 202, § 1: 1 Faß = 11—12 M. engl. 1 M. engl. ist im 14. Jahrh. = 40 lüb. Schill. = $1^2/_3$ M. pr. (Vgl. Stieda, Revaler Zollbücher, S. XII.)

1 Faß Poitou=Wein 1402 = rund 9 M. pr.[1]
1 Pipe Roch. Wein 1436 = 27½ M. pr.[2]
1 Faß Roch. Wein 1436 = 28 M. 18 Sc. — 41 M. 6 Sc.[3]
      1443 = 38 M. (?)[4]
1 Pipe Nanter Wein = $\begin{cases} \text{rund } 60 \text{ M. pr. (?)} \\ \text{rund } 21 \text{ M. pr. (?)} \end{cases}$[5]
1 Pipe Wein in der Baienflotte 1449 = 40 M. pr.[6]
1 Pipe Poitou=Wein 1453 = 15 M. pr.[7]
1 Faß Wein aus Brouage 1485 = 4 Pf. vl.[8]

III. Preise des Kanevas.

1 Hundert . . 1439 = 18 M. pr.[9]
     1452 = 20 M. lüb.[10]
     1453 = rund 11 M. pr.[11]

---

[1] Kunze, Hanseakten, 317, § 8: 92 Faß = 816 Nob. 1 Nob. galt Anfang des 15. Jahrh. = 21½—27 pr. Scot. (S. Sattler, Handelsrechn., S. XL.)

[2] H. R.² VII, S. 733, § 72: 40 Pipen = 300 Nob. 1 Nob. galt 1436 = 3⅔ M. pr. (Hirsch, S. 242.)

[3] H. U. B. VIII, 84, § 50: 15 Faß = 75 Pf. vl. 1 Pf. vl. schwankte 1436 zwischen 5 M. 18 Sc. und 8 M. 6 Sc. (Vgl. Hirsch, S. 243.)

[4] H. R.² VII, S. 735, § 93: 90 Faß = 1140 Nob. Die Nob. ist zu 3 M. pr. angenommen; vgl. Hirsch, S. 242.

[5] H. R.² VII, S. 735, § 96 und 97: 44½ Pipen = 911 Nob., 136½ Pipen = 958 Nob. Auch hier ist die Nob. zu 3 M. pr. angenommen.

[6] H. U. B. VIII, 215, § 67: 1 Pipe = 5 Pf. vl. 1 Pf. vl. galt um diese Zeit 8 M. pr.; vgl. Hirsch, S. 243.

[7] H. U. B. VIII, 1160, § 69.

[8] H. R.³ II, 509, § 79. Leider ist der Wert des vl. Pf. in preuß. Münze für dieses Jahr nicht bekannt.

[9] H. R.² VII, S. 734, § 79: 1 Hundert = 6 Nob. 1 engl. Nob. galt um diese Zeit 3 M. pr.; vgl. Hirsch, S. 242.

[10] H. U. B. VIII, 215, § 25.

[11] H. U. B. VIII, 1160, § 68: 3½ Hundert baiesches Kanevas = 800 pr. Ellen. 1 Hundert also rund 228 Ellen. 100 pr. Ellen kosten 5 M., demnach kostet 1 Hundert rund 11 M.

Der Handel. 35

Auch über die Preise und Größe der Schiffe lassen sich einige Zahlen aufstellen. Als die eigentlichen Seeschiffe galten die Koggen, wozu man namentlich die Holke rechnete. Die Holke waren die eigentlich großen und schweren Schiffe. 1438 befanden sich in der Baienflotte Holke im Werte von 750, 900, 1500, 1875, 2225 M.[1] 1403 kostete ein mit Baiensalz beladenes Schiff 1114 Nob., andere standen im Werte von 2445, 2600, 1869 Nob.[2] 1449 waren in der Baienflotte Holke im Preise von 2400 und 1400 M.[3] Neben den Holken werden auch Kreyer im Baienverkehr genannt. Diese waren bedeutend kleiner als die Holke. 1438 werden einige, die an der Baienfahrt teilnehmen, abgeschätzt auf 375 und 638 M.[4] 1411 wird ein Kreyer erwähnt, der 12 Hundert (= 90 Last) Salz an Bord hatte.[5] Noch eine dritte Art von Schiffen begegnet uns auf den Fahrten nach Westfrankreich: Busen, die sonst nur zum Heringsfang benutzt wurden. Eine solche kam 1449 von Bordeaux.[6]

Die mittelalterlichen Schiffe waren natürlich bedeutend kleiner als die unserer Zeit. Die Durchschnittsgröße der hansischen mag im 14. Jahrhundert 50 Lasten betragen haben. Im 15. Jahrhundert, wo der Verkehr mächtig wuchs, wurden weit größere gebaut. Bei den Baienfahrten finden wir ganz ansehnliche Fahrzeuge, solche von 150 Lasten und darüber kommen vor. 1488 werden zwei Schiffe von über 150 Lasten erwähnt.[7] 1438 luden die größten Baienschiffe außer einer beträchtlichen Quantität anderer Waren 150—180 Last Salz.[8] Ein Holk hatte 24 Hundert Salz an Bord, macht 180 Last.[9] 1439 hatte

---

[1] Hirsch, S. 264.
[2] Kunze, Hanseakten, 317, §§ 11, 12, 13, 18.
[3] H. U. B. VIII, 84, § 23 u. 24. — [4] Hirsch, S. 264.
[5] H. U. B. VIII, 215, § 65. — [6] H. U. B. VIII, 84, § 11.
[7] H. R.³ II, 251. — [8] Hirsch, S. 264.
[9] H. U. B. VIII, 61.

ein Schiff sogar 28 Hundert Salz (= 210 Last) gelaben.¹ 1449 befanden sich in einem Schiff 18 Hundert Lissaboner Salz (= 144 Last) und 1½ Hundert baiesches Salz (= rund 11 Last), dazu eine Menge anderer Waren.² Ein Schiff im Werte von 2000 M. lüb. lud 22 Hundert Salz (= 165 Last).³ Schiffe von 100—150 Last sind keine Seltenheit im Verkehr mit der Baie.

Die Namen der Schiffe wurden gewöhnlich von den Heiligen entlehnt. Wir finden unter den Baienschiffen folgende ausdrücklich genannt: Mariencogge von Lübeck, Marienknecht von Middelburg, Marienschiff von Greifswald, Marienknecht von Danzig, Christoffer von Bremen, Jorgen und andere. Eins der berühmtesten Schiffe von Danzig war die große Karavelle „Peter von Danzig", früher ein französisches Handelsschiff mit dem Namen „Peter von Rochelle".⁴

Die Reederei ernährte zahlreiche Kaufleute in den Hansestädten. Selten besitzt der Kaufmann ein Schiff allein, in der Regel gehört dasselbe einer Genossenschaft. Solche von 16 Partnern kommen vor. Auch der Schiffer hat gewöhnlich einen Anteil am Schiff. Wird der Schiffer zu einer Fahrt nach der Baie geheuert, so erhält er in der Regel schon im voraus seine Fracht ausbezahlt, gegen das Versprechen jedoch, wenn keine Flotte ausgerüstet werde, das Geld zurückzuzahlen.⁵

Die Frachtsätze waren wegen der großen Gefahren, denen ein Schiff ausgesetzt war, sehr hoch und warfen einen reichen Gewinn ab. 1438 gewann ein Schiff, das 1400 M. kostete, ebensoviel an Fracht für eine einzige Fahrt aus der Baie nach Danzig.⁶ Hirsch erwähnt⁷, daß 1439 eine Last Baien-

---

[1] H. R.² VII, S. 734, § 77.
[2] H. U. B. VIII, 84, § 23. — [3] H. U. B. VIII, 215, § 29.
[4] Weinreichs Chronik, S. 1, A. 3.
[5] Vgl. Lüb. Urkdb. VIII, 62; Pauli, Lüb. Zustände III, Urk. Nr. 111.
[6] Hirsch, S. 267. — [7] Hirsch, S. 268.

salz von der Baie nach Seeland 1 M. Fracht kostete. Doch sind die Preise in der Regel viel höher. Vergleichen wir sie mit den Warenpreisen, so sehen wir, daß die Fracht für eine Last Salz beinahe ebensoviel kostete wie die Last selbst. 1428 kostete eine Last Baiensalz von Brügge bis nach Preußen an Fracht 8 M.[1] 1429 finde ich 4 M. als Fracht für die Last Baiensalz von Brügge bis Danzig angegeben.[2] 1442 kostete eine Last von der Baie bis Reval an Fracht 14 M. rig.[3] (= $9^{1}/_{3}$ M. pr.), 1438 20 M. rig. (= $13^{1}/_{3}$ M. pr.)[4], das Hundert von der Baie nach Sluis 12 Pf. vl. (die Last also $11^{1}/_{5}$ M. pr.)[4], 1449 die Last von der Baie nach Lübeck 13 M. lüb.[5], 1462 die Last von der Baie nach Reval 12 M. rig. 1 sr.[6]

Die Hauptbestimmungsländer für das Baiensalz waren England, die Niederlande, Deutschland und die Ostseegebiete.

Sehr früh sind die Engländer an dem Handel beteiligt. Solange sie noch Herren der westfranzösischen Küstengebiete waren, holten sie die Waren selber. Aber die Kriege, die sie um den Besitz jener Länder mit Frankreich zu führen hatten, brachten das Land wirtschaftlich herunter und störten den Handel. So kam es, daß andere Nationen auf den westfranzösischen Märkten allmählich heimisch wurden. Namentlich waren es die hansischen Kaufleute, die es verstanden, im westfranzösischen Verkehr sich ein entschiedenes Übergewicht zu erringen. Sie haben, indem sie die jeweilige politische Lage geschickt ausnutzten, aus dem Zwischenhandel Frankreichs und Englands ganz erheblichen Gewinn gezogen und England in wirtschaftliche Abhängigkeit von sich gebracht. Vom 13.—16. Jahrhundert hat diese hansische Vormachtstellung gedauert, obwohl es die Engländer nicht an Versuchen haben fehlen lassen, die Handelsvor-

---

[1] Sattler, Handelsrechnungen, S. 493. — [2] Sattler, S. 498.
[3] Lüb. Urkdb. VIII, 62. — [4] H. U. B. VIII, 61.
[5] H. U. B. VIII, 215, § 29. — [6] Lüb. Urkdb. X, 283.

Herrschaft der Hansen zu brechen. In keinem Volke ist so früh ein nationaler wirtschaftlicher Wille erwacht wie bei den Angel=sachsen.[1] Daß englische Unternehmungslust nicht vor geschriebenen Urkunden und Statuten Halt zu machen gesonnen war, zeigte sich schon 1461, als Eduard IV. eine Art Navigationsakte erließ und den hansischen Zwischenhandel zwischen England und der Baie untersagte.[2] Aber trotzdem haben die Hansen den Handel nicht aus der Hand gegeben, noch in der Mitte des 16. Jahrhun=derts brachten sie westfranzösische Waren auf den englischen Markt.[3]

Von den deutschen Kaufleuten sind am frühesten Lübecker und Hamburger in der Baie zu finden. Hamburg scheint im 13. Jahrhundert ein Hauptstapelplatz für Baiensalz gewesen zu sein. Von hier aus wurde das Salz die Elbe hinauf geführt nach Braunschweig, Magdeburg, Brandenburg und Meißen.[4] Auch den Rhein hinauf kamen französisches Salz und franzö=sische Weine.[5]

Die preußischen und livländischen Städte beteiligten sich erst seit der Mitte des 14. Jahrhunderts an dem Baiensalzgeschäft. An der Spitze stand Danzig, daneben Reval. Die wendischen Städte traten vor ihnen zurück; erst um die Mitte des 15. Jahr=hunderts finden wir wieder lübische Kaufleute zahlreicher unter den Baienfahrern. Immerhin bleiben die preußischen und liv=ländischen Städte an erster Stelle.

Die große Verbreitung des Baiensalzes tat dem Lüneburger Salz gewaltigen Abbruch. Der Lüneburger Handel ging be=ständig zurück. Wir haben Klagen Lüneburgs aus den Jahren

---

[1] Schäfer, Deutschland zur See, S. 19.
[2] H. R.² V, 147.
[3] Kölner Inventar I, S. 389, Schreiben des Londoner Kontors an Köln vom 10. April 1555.
[4] H. U. B. I, 573, S. 204.
[5] H. U. B. III, 545, §§ 35, 36, 50.

1405 und 1407, infolgedessen der Herzog von Braunschweig-Lüneburg die Durchfuhr fremden Salzes durch seine Herrschaft verbot.¹ 1470 bediente man sich sogar der Hülfe des Dänenkönigs, um die Konkurrenz des Baiensalzes zu brechen. König Christian I. untersagte den Holländern mit Baiensalz durch den Sund zu fahren.²

Von Danzig aus wurde das Baiensalz in das preußische Hinterland und nach Polen ausgeführt. Besonders nach Litauen trieben die Danziger einen blühenden Salzhandel, den sie fast ausschließlich in ihre Hand brachten.³ Den Norden Litauens beherrschten allerdings die Rigaer Kaufleute; sie fuhren die Düna hinauf und hatten in Polozk einen wichtigen Stapelplatz.⁴ Neben den Landstraßen benutzte man von Danzig aus vor allem die Memel, um in das Innere des Landes zu gelangen. Der Haupthandelsplatz war Kauen (Kowno).⁵ Von hier aus gingen wichtige Straßen weiter ins innere Litauen und nach Rußland.

Der Salzhandel brachte hier den größten Gewinn, weil der Artikel damals in Litauen gänzlich fehlte. Die Stadt Kauen übte über alles aus Preußen kommende Salz ein unbedingtes Stapelrecht. In der Stadt befand sich eine Danziger Niederlassung, die den Handel nur in großhändlerischer Weise betrieb; sie sandte ihre Faktoren durch ganz Litauen bis tief nach Rußland hinein. Alljährlich wurden von Danzig die Salzschiffe abgesandt.⁶ Wenn im Frühjahr die Wasser vom Eise frei waren, kehrten die Schiffe mit den Produkten Litauens zurück. Als solche werden hauptsächlich genannt: Holz, Asche, Wachs und Pelzwerk.⁷ Als später Wilna im Handel das Übergewicht über Kauen gewann, wurde das Salz dort auf den

---

¹ H. U. B. V, 786. — ² H. R.² VI, 389 und 445.
³ Hirsch, S. 162. — ⁴ Vgl. H. U. B. V, 1084.
⁵ Vgl. H. U. B. VIII, 111, § 6.
⁶ Hirsch, S. 164. — ⁷ Hirsch, S. 165—166.

Stapel gebracht (nach 1470). Infolgedessen verfiel das Kontor zu Kauen mehr und mehr, bis es 1540 tatsächlich aufgelöst wurde.[1]

Die Ausfuhr Danzigs beschränkte sich nicht allein auf Litauen und Polen, auch in den skandinavischen Reichen hatte man ein vorzügliches Absatzgebiet. Namentlich auf dem dänischen Schonen, in den beiden Heringsplätzen Skanör und Falsterbo, spielte der Salzbetrieb eine Hauptrolle. Das Salzen der Heringe erforderte große Mengen Salz, und die Lüneburger Salinen waren nicht imstande, den Bedarf allein zu decken.

Es wird an dieser Stelle angebracht sein, auf die Bedeutung der schonenschen Märkte für den Salzbetrieb hinzuweisen. Der Salzhandel befriedigte hier nicht nur den umfassenden Bedarf, sondern die beiden Orte bildeten auch, namentlich im 14. Jahrhundert, einen Salzmarkt für den Norden Europas überhaupt. Zu einer Zeit, wo die Nautik noch wenig entwickelt war, bot Schonen dem Verkehr aus dem Westen in das baltische Meer eine bequeme Zwischenstation, wo der Schiffer, um der weiten und gefährlichen Reise um das Falsterbo-Riff in die Ostsee aus dem Wege zu gehen, seine Waren absetzen konnte. Zu dieser Zeit spielten neben den wendischen, hauptsächlich die suiderseeischen Städte, die sogenannten Umlandsfahrer, unter ihnen an erster Stelle Kampen, im schonenschen Salzhandel eine Hauptrolle.

Als nun mit der zweiten Hälfte des 14. Jahrhunderts die hansische Schiffahrt immer leistungsfähiger wurde, brauchte man Schonen nicht mehr als Umschlagsplatz, sondern man fuhr durch den Sund in die Ostsee.[2] Die Stapelplätze für Baiensalz wurden in die preußischen und livländischen Städte verlegt. Damit hängt zusammen, daß erst jetzt die preußischen Städte

---

[1] Hirsch, S. 282 ff.
[2] Schäfer, Das Buch des lüb. Vogts auf Schonen, Einl. S. 64—72.

Der Handel.

sich lebhafter am Baienhandel beteiligten, der bis dahin fast ausschließlich in den Händen der wendischen und fuiderseeischen Genossen gelegen hatte.

Die Teilnahme Danzigs an dem Handel nach Livland und Nowgorod blieb gering. Hier brachten die livländischen Städte allmählich den Verkehr ganz in ihre Hand, an erster Stelle Reval und Riga. Von Riga aus benutzte man die Düna, um in das Innere des Landes zu gelangen; von Reval aus fuhr man in den finnischen Meerbusen, dann durch die Newa, den Ladoga=See in die Wolchow nach Nowgorod. Oder man benutzte die Landwege, die von Riga und Reval in das Innere Rußlands führten.[1]

Nicht unbedeutend auch war die Salzausfuhr Revals nach Finnland.[2]

Das Salzgeschäft muß ein sehr einträgliches gewesen sein; denn gerade die livländischen Städte stellten einen bedeutenden Anteil an den Baienfahrten dar.[3]

Ein wichtiges Absatzgebiet für das Baiensalz war natur= gemäß auch das dichtbevölkerte Flandern. Es wurde nebst Poitou=Wein und anderen französischen Waren auf den Brügger Stapel gebracht und von da weiter durch Flandern verkauft; ja wir können annehmen, daß es auf der Brügge=Kölner Straße an den Rhein gelangte. An dem Handel beteiligten sich weniger die Flandrer selbst; sie hatten in ihrer großartig entwickelten Tuchindustrie eine hinreichende Erwerbsquelle, so daß sie die Frachtschiffahrt anderen Völkern überlassen konnten.[4]

---

[1] Hirsch, S. 154 ff.; Schäfer, Die Hansestädte, S. 185. Vgl. H. U. B. V, 512, 516, 807, 997, 1084, 1093, § 10, 11; Livl. Urkdb. II, 1228 (Regesten), IV, 1726, 1730, V, 2569, VI, ad R. 2096.
[2] Vgl. Livl. Urkdb. V, 2438.
[3] Vgl. Stieda, Schiffahrtsregister, i. d. H. G. Bl. 1884.
[4] Hirsch, S. 121.

Die hansischen Kaufleute werden in erster Linie das Salz ge=
bracht und weiter verhandelt haben.[1]

Während die Flandrer sich also weniger an einem aktiven
Handel beteiligten, ist von den nördlichen Niederlanden, von
Holland und Seeland, gerade das Gegenteil zu berichten.

Um die Handelsverhältnisse besser zu verstehen, müssen wir
einen Blick in das politische Gebiet tun. Von den Städten
der heutigen Niederlande haben nur Kampen, Deventer, Zütfen,
Zwolle, Harderwijk, Elborg, Doesborg Doetinchem und Hasselt
zur Hanse gezählt, vorübergehend auch Groningen, Stavoren,
Sneek, Bolsward und Hindelopen. Die Friesen der Graf=
schaften Holland und Seeland, also der Landschaften zwischen
Vlie und Swin, haben nie zur Hanse gehört.[2]

Die Bewohner dieser Gebiete waren von jeher tüchtige
Seeleute. Bis in die Zeiten der Karolinger lassen sie sich als
Händler und Seefahrer verfolgen. Es war eine ländliche, durch=
weg bäuerliche Bevölkerung, die von Kindesbeinen an mit dem
Wasser vertraut war. Der Schiffahrtsbetrieb ruhte ganz über=
wiegend auf ihr. Das städtische Element trat noch im 16. Jahr=
hundert ganz zurück.[3]

Früh schon erschienen die Friesen in der Ostsee. Im
13. Jahrhundert werden sie von Lübeck und Zwolle als Kon=
kurrenten im Ostseehandel angesehen, denen es nicht erlaubt
sein dürfe, in direkter Fahrt nach Gotland zu segeln.[4] Aber
es ist den Hansen nicht gelungen, sie aus der Ostsee fernzuhalten.
Im Gegenteil, mehr und mehr haben sie sich dort eingenistet.

---

[1] Vgl. die Privilegien der Herzöge von Brabant für den Handel
der hansischen Kaufleute auf dem Markt zu Antwerpen: H. U. B. II,
266; V, 874; desgl. H. U. B. III, 499: Privileg Ludwigs III. von
Flandern für den Handel in Flandern, 1360, Juni 14.

[2] Schäfer, Die Hanse, 1903, S. 39.

[3] Schäfer, Deutschland zur See, S. 17.

[4] H. U. B. I, 1154; Schäfer, Die Hansestädte, S. 63; Schäfer,
Das Buch des lüb. Vogts, Einl. S. 66.

Recht empfindlich wurde ihre Konkurrenz zuerst im 15. Jahrhundert, bei Gelegenheit des Krieges, den die wendischen Städte 1427—35 gegen Dänemark führten. Der dänische König hatte ihnen große Handelsvorteile zugestanden[1], und die Holländer haben diese denn auch zum Schaden der Hansen rücksichtslos ausgenutzt. Eine heftige Spannung trat allmählich ein. Die Vereinigung Hollands mit dem kräftig aufstrebenden Burgund (1433) mußte die Entwicklung des holländischen Handels begünstigen und damit zugleich das feindliche Verhältnis zur Hanse.

Im Verkehr mit der Baie haben die Holländer früh eine wichtige Rolle gespielt. Sie versorgten nicht nur ihr eigenes Land mit den westfranzösischen Produkten, sondern erschienen auch zahlreich in der Ostsee. Gerade in Zeiten, wo die Preußen sich wegen Kriegsgefahr nicht durch den Sund wagten, war das Baiensalzgeschäft äußerst gewinnbringend für die Holländer. In solchen Fällen blieb den preußisch-livländischen Kaufleuten nichts anders übrig, als auf dem Landweg über Hamburg-Lübeck den Sund zu umgehen oder sich der Vermittlung der Holländer zu bedienen. Jedenfalls wurden sie im 15. Jahrhundert den Hansen ganz gefährliche Konkurrenten auch im Baienhandel.[2] In der Regel drückte die Ankunft einer holländischen Flotte in den preußischen oder livländischen Häfen die Salzpreise gewaltig herunter. Die Großhändler sahen deshalb der Ankunft der Holländer nie ohne Besorgnis entgegen, da in diesem Falle geringer Gewinn für sie in Aussicht stand.[3]

Wir haben gesehen, daß der Baienhandel hauptsächlich in den Händen von Nichtfranzosen lag. In der Tat haben die Franzosen lange Zeit die Ausnutzung ihres Handels den Frem-

---

[1] Hirsch, S. 127.
[2] Schäfer, Die Hanse und ihre Handelspolitik, S. 24.
[3] Vgl. Stein, Handelsbriefe aus Riga und Königsberg, i. d. H. G. Bl. 1898.

ben überlassen. Höchstens nach Flandern und nach der Südküste von England kam der französische Kaufmann im Mittelalter mit seinen Waren. Dagegen ist er bis ins 15. Jahrhundert hinein nicht im baltischen Meer zu finden. 1449 hören wir zum ersten Male, daß unter den aus der Baie zurückkehrenden Schiffen auch einige französische sich befanden.[1] Das Erscheinen des „Peter von Rochelle" in Danzig 1462 ist auch noch eine Ausnahme. Die nationale Periode des französischen Handels beginnt erst mit Ludwig XI.[2] und damit auch ein Vordringen französischer Kaufleute in bis dahin unbekannte Gebiete. Mit dem Ausgang des Jahrhunderts und besonders im sechzehnten befuhren französische Schiffe schon in ziemlicher Anzahl die Ostsee.[3]

Immerhin bleibt die Tatsache, daß die Hansen vom 13. bis 16. Jahrhundert die Hauptrolle im Baienhandel gespielt haben, und daß erst dann die Holländer an ihre Stelle traten.

---

[1] H. R.² III, 536.
[2] Pigeonneau, Histoire du commerce I, S. 2 und 400.
[3] Damus, i. b. Z. b. wpr. G. V. V, S. 36.

III. Nachrichten über die geschichtliche Entwicklung des Handels.

1. Die Anfänge des Handels.

Die Anfänge der westfranzösischen Salzindustrie reichen zurück bis ins frühe Mittelalter. Es möchte aber vergebliches Bemühen sein, genau das Jahrhundert anzugeben, in dem die ersten marais salants angelegt worden sind. Wenn Reclus in seiner Geographie Frankreichs[1] behauptet, daß die Salzgewinnung schon im 7. Jahrhundert an der Westküste Frankreichs nachweisbar sei, so bleibt er dafür den Beweis schuldig. Freilich unbedingt von der Hand zu weisen ist diese Behauptung nicht; denn im 7. Jahrhundert gründete der heilige Philibert auf Noirmoutier ein Benediktinerkloster, und von der Tätigkeit dieses Heiligen leiten die Bewohner von Noirmoutier ihre Kenntnis der Seesalzgewinnung her. Will man diese Überlieferung nicht gelten lassen, so darf man doch mit Sicherheit behaupten, daß irgend ein besonderes Interesse die Mönche nach dieser entlegenen Insel geführt haben muß, und daß entweder schon zur Zeit ihrer Niederlassung dort Salz gewonnen wurde oder, was wahrscheinlicher ist, daß sie den Betrieb dort heimisch machen wollten. Daher können wir der Meinung Piets[2], daß die ersten

---

[1] Reclus, Nouvelle géographie universelle II, S. 509.
[2] Piet, Recherches sur l'île de Noirmoutier, S. 36.

Anlagen von marais durch Mönche der Abtei ausgeführt seien und zwar im 8. Jahrhundert, beipflichten, zumal wir aus dem 9. Jahrhundert schon die Nachricht haben, daß Schiffe in jene Gegenden kamen, um Salz zu holen.[1] Aus derselben Zeit (821) haben wir eine Verordnung König Ludwigs, der den Bewohnern der Meeresküste das Recht zuspricht, Salz zu gewinnen.[2] Sicher also im 9., vielleicht schon im 8. Jahrhundert hat man Salz an der französischen Westküste gewonnen.

Soweit ein Handel über See mit diesem Artikel stattfand, war er jedenfalls sehr unbedeutend; es ist kaum anzunehmen, daß er sich über die westlichen und nordwestlichen Küstengebiete hinaus erstreckte. Vorläufig wird er in der Hauptsache den Bedarf jener Gegenden befriedigt haben. Die Normannen, die bekanntlich ihre Züge bis in diese Gebiete ausdehnten, sind vielleicht die ersten gewesen, die das französische Seesalz in entferntere Gegenden gebracht haben. Nach ihnen mögen dann öfters Schiffe aus dem Norden nach dem Westen Frankreichs gesegelt sein, um den wichtigen Artikel nach der Heimat fortzuführen.

Die ersten sicheren Nachrichten über einen westfranzösischen Handel weisen uns in das 12. Jahrhundert. Es sind englische Kaufleute, die in Poitou Wein holen, um ihn nach London zu bringen.[3] Aus dem Ende desselben Jahrhunderts besitzen wir eine Urkunde, in der die Königin Alienore die Freiheiten der Insel Oléron bestätigt und ihren Bewohnern erlaubt, Wein und Salz ungehindert zu verkaufen.[4] Daraus geht hervor, daß die Insel Oléron um diese Zeit bereits eine wichtige Rolle im Wein- und Salzhandel spielte. Auch der Umstand, daß im 13. Jahrhundert

---

[1] Translatio St. Philiberti, S. 90.
[2] Waitz, Verfassungsgesch. IV², S. 135 u. Anm. 3.
[3] H. U. B. I, 13 und III, 603, A.
[4] Rymer, Foedera I, 1, S. 75.

eine Sammlung von Seerechten (siehe S. 24) gerade nach ihr benannt wurde, beweist, welche Bedeutung unsere Insel hatte. Wenn auch in dieser Sammlung nur Wein als Ausfuhr= artikel angegeben ist, so dürfen wir doch mit Sicherheit behaupten, daß auch der Salzexport bedeutend gewesen ist.

Daß die Westküste Frankreichs, vor allem Bordeaux, Ro= chelle und Nantes, bereits am Anfang des 13. Jahrhunderts mit Deutschland in Verbindung gestanden hätte, wie Pigeonneau in seiner Handelsgeschichte[1] ausführt, kann doch wohl schwerlich behauptet werden; bis jetzt wenigstens fehlen darüber alle histo= rischen Dokumente.

Es ist kaum zu leugnen, daß die Engländer, solange sie die Westküste Frankreichs in ihrem Besitz hatten, auf den Märkten und im Handel die Hauptrolle spielten. Die fort= währenden Kämpfe aber, die sie mit Frankreich führten, dann vollends der Verlust der Bretagne und von Poitou, handelspolitisch so wichtiger Küstenstrecken, mußten dem englischen Handel einen empfindlichen Stoß versetzen und auch anderen Völkern den Weg in jene Gebiete eröffnen. Die Flandrer scheinen von diesen die ersten gewesen zu sein, die jene westlichen Gestade aufsuchten.

1226 hören wir zuerst von ihnen; es werden uns 13 Schiffe genannt, die in der Gascogne, in Rochelle, bei St. Johannem (St. Jean d'Angély) und Senomannum (Saintes?) Wein luden.[2] 1227 finden wir Antwerper Kaufleute aus dem Lande Heinrichs von Brabant in St. Sammanum (Saintes?), um eine Ladung Wein von dort nach Boston (St. Botulfsmarkt) und Berwick zu führen.[3] Diese Nachricht lehrt uns auch, daß die Flandrer und Brabanter nicht allein ihre Heimat mit den westfranzö=

---

[1] Pigeonneau I, S. 155—157.
[2] H. U. B. I, 198 und 201.
[3] H. U. B. I, 220.

fischen Waren versorgten, sondern auch den Verkehr mit England vermittelten.

Deutsche Kaufleute können wir um diese Zeit noch nicht an der Westküste Frankreichs nachweisen.

Bis ins 12. Jahrhundert hinein kann ja von einem deutschen Seehandel kaum die Rede sein. Die Nordsee war das einzige Meer, an dem das deutsche Reich ein unmittelbares Interesse hatte. An seinem Gestade liegen die ersten Anfänge deutschen Seeverkehrs. Die Fahrten vollzogen sich ganz überwiegend auf den Binnengewässern und dem Wattenmeer; doch hat man das offene Meer nicht ganz gemieden. Von den Mündungsgewässern des Rheins, der Maas und Schelde gelangte man schon früh nach England.

Das wurde anders, als die großartige Kolonisation der Ostseeländer vollzogen war (Mitte des 13. Jahrhunderts), die den Deutschen zum Herrn der ganzen Südküste des baltischen Meeres machte, von Kiel bis hinauf zum finnischen Meerbusen.[1] Diese Kolonisation war „eine Kulturtat ersten Ranges". Ihr verdanken wir die großartige Entwicklung unseres mittelalterlichen Verkehrs, unsere jahrhundertelange Vormachtstellung auf den nordeuropäischen Gewässern.[2]

Mit dem Emporblühen der deutschen Ostseesiedelungen entwickelten sich Beziehungen zwischen den baltischen Gebieten und dem Westen Europas. Es war die Zeit, wo der Kaufmann zuerst begann, seinen Gewinn im Vertrieb von Massenprodukten zu suchen, wo die Erträge des Ackerbaus und der Waldwirtschaft, des Bergbaus und der Fischerei in den Verkehr kamen. Hatte man sich bisher auf wenige, aber wertvolle und leicht zu transportierende Gegenstände beschränkt, so traten jetzt Handelsartikel auf, die nur in größeren Mengen Gewinn

---

[1] Schäfer, Deutschland zur See, S. 5.
[2] Schäfer, Deutschland zur See, S. 6.

bringen konnten und dem Verkehr einen ganz anderen Charakter gaben. Neben Getreide und Holz, Teer und Pech, Eisen und Eisenerzen wurde namentlich das Seesalz ein beliebter Handelsgegenstand.[1] Durch den Verbrauch dieses Artikels trat der deutsche Kaufmann zuerst in Verbindung mit dem Westen Frankreichs.

Baiensalz wird in Deutschland zuerst erwähnt in einer Urkunde des Jahres 1276. Es ist diese eine spätere Bearbeitung und Ergänzung einer Urkunde von 1262, die Baiensalz noch nicht aufführt.[2] Beide Urkunden enthalten eine Zollordnung für die Hamburg besuchenden fremden Kaufleute, und zwar sind es Ausfuhrzölle. Es ist anzunehmen, daß die Hamburger selbst das Salz geholt haben.

Noch ein anderes Dokument weist uns darauf hin. Wenn wir nämlich in dem ältesten hamburgischen Schiffsrecht, das nach Lappenbergs Ausführungen[3] älter als 1270 ist, im Artikel 9[4] Salz und Wein aus Rochelle erwähnt finden, so zeigt das, daß der hamburgische Handel sich bis in jene Gegenden erstreckte. Auch das lübische Schiffsrecht vom Jahre 1299[5] erwähnt im Artikel 10 Wein aus Rochelle. Es sind dieses die ersten sicheren Nachrichten vom Auftreten deutscher Kaufleute an der französischen Westküste. Wir dürfen mit ziemlicher Gewißheit behaupten, daß Ende des 13. Jahrhunderts die Handelsbeziehungen der Hanse zu Westfrankreich eröffnet wurden.

Der gänzliche Mangel aber an weiteren Nachrichten läßt uns diesen Verkehr noch als einen recht dürftigen und unbedeutenden erscheinen. Der fast ununterbrochene Kriegszustand zwischen England und Frankreich ließ einen ausgedehnten Han-

---

[1] Schäfer, Deutschland zur See, S. 7.
[2] H. U. B. I, 573, S. 204.
[3] Lappenberg, Hamb. Rechtsaltertümer I, Einl., S. 137; vgl. dazu H. G. Bl., 1900, S. 47.
[4] Lappenberg, S. 77. — [5] Lüb. Urkdb. II, 105.

delsbetrieb nicht aufkommen. Auch der Friede von Chartres (1299) schaffte noch keine günstigeren Bedingungen, da Philipp IV. den Kampf gegen Flandern fortsetzte. Infolgedessen gerieten auch Holland und Brabant, die zu Frankreich hielten, mit Flandern in Konflikt. Man suchte sich gegenseitig die Handelsschiffe wegzufangen: Flandrische Schiffer plünderten ein holländisches Schiff bei Rochelle.[1]

Mußten schon diese kriegerischen Wirren lähmend auf den Handelsverkehr einwirken, so führten Ausfuhrverbote des französischen Königs vollends eine Unterbrechung herbei. 1302 untersagte nämlich Philipp IV. die Ausfuhr von Wein, Getreide und anderen Waren. Von diesem Verbot sollten diejenigen Kaufleute nicht betroffen werden, denen die Ausfuhr durch Vertrag zugestanden war, unter der Bedingung jedoch, daß sie die Waren nicht in Feindesland führten und sich erst die Erlaubnis des Königs holten.[2]

Schärfer gefaßt war das Ausfuhrverbot von 1304[3], das ein langes Verzeichnis von Waren enthält. Unter diesen ist Wein genannt, merkwürdigerweise Salz nicht; doch gestattet uns die Schlußbemerkung: et quascumque merces etiamsi in præsentibus non nominentur, quas pro nominatis expresse volumus haberi, auch Salz zu den verbotenen Ausfuhrartikeln zu rechnen, da Poitou und Saintonge, die Gebiete also, die hauptsächlich am Salzexport beteiligt waren, ausdrücklich genannt werden.

Erst mit dem Jahre 1305, in dem der Friede zwischen Frankreich und Flandern zustande kam, schienen bessere Zeiten für den Handel anzubrechen, zumal 1308 sich Eduard II. von

---

[1] H. U. B. II, 71, A. 1; III, S. 422 (Schreiben Philipps vom 10. Oktober 1306).

[2] Ordonnances des rois de France I, S. 351.

[3] Ordonnances I, S. 422.

England mit Isabella, der Tochter Philipps IV., vermählte. Die englischen Kaufleute nutzten die günstige Lage nach Kräften aus. Es wird uns berichtet, daß zur Krönungsfeier allein 1000 Faß Wein aus der Gascogne geholt wurden.[1] Auch nach Poitou fuhr man: Ein Bürger von Lynn, der in Nantes Lampreten und in Poitou Salz geladen hatte, wurde von deutschen Schiffern 1311 geplündert.[2]

Ob in jenen Jahren auch deutsche Kaufleute die Küste von Poitou aufgesucht haben, darüber haben wir keine direkte Nachricht. Doch glaube ich daraus, daß ein Kölner Bürger 108 Tonnen Gascogner Wein nach Holland verkaufte[3] (1316), schließen zu dürfen, daß die deutschen Kaufleute in dem westfranzösischen Handel nicht zurückblieben.

Der Friede zwischen England und Frankreich war nur von kurzer Dauer. Schon 1324 begannen die Feindseligkeiten wieder. Nach einer 10jährigen Waffenruhe, die mit der Ermordung Eduards II. eintrat, folgten dann jene gewaltigen Kämpfe, die über 100 Jahre die beiden Nationen in Atem gehalten haben. Bis zum Frieden von Brétigny (1360) liegen nur ganz vereinzelte Nachrichten über den westfranzösischen Handel vor. 1342 finden wir Bürger von Kampen in Rochelle.[4] 1351 lieferte ein hansischer Kaufmann, Johann Lange, 22 Faß Gascogner Wein nach London.[5]

Ein Jahr nachdem der Friede von Brétigny die Ruhe im Westen vorläufig wiederhergestellt hatte, begannen im Osten die Kämpfe der Hansestädte mit Waldemar von Dänemark, die erst 1370 durch den Stralsunder Frieden ihren Abschluß fanden. Wir begreifen leicht, daß bis dahin nicht eine Spur von Han-

---

[1] Pauli, Geschichte von England IV, S. 205.
[2] H. U. B. II, 324.
[3] Kunze, Hanseakten aus England, 60.
[4] H. U. B. III, 653. — [5] Kunze, Hanseakten, 157.

belsverkehr der Hanse mit Westfrankreich vorhanden ist. Der Handel war schweren Hemmnissen unterworfen und lag zeitweise durch Handelsverbote ganz darnieder.[1]

Dagegen finden wir andere Nationen, die von den hansisch-dänischen Verwicklungen nicht berührt wurden, in den westlichen Gewässern. Das Privileg Eduards III. an die flandrischen Kaufleute vom Jahre 1363 weist auf Beziehungen derselben zu Bayonne hin.[2] Andeutungen auf einen Verkehr zwischen England und der Gascogne finden sich gleichfalls im Jahre 1363.[3] Die Kamper holten Wein und Salz in der Baie und brachten es namentlich nach Schonen.[4]

Erst als der Friede mit Dänemark geschlossen war, treffen wir auch wieder deutsche Kaufleute auf den westfranzösischen Handelsplätzen. 1370 holte ein lübischer Schiffer für einen Engländer Salz aus der Baie.[5] Die häufigen Räubereien der Normannen[6], die den Handel sehr beeinträchtigten, machten Verhandlungen mit dem französischen König notwendig. Karl V. erwies sich den Hansen freundlich und verbot seinen Ausliegern, die hansischen und preußischen Schiffe zu belästigen (Herbst 1375).[7] Doch hörten damit noch keineswegs die Plünderungen auf. So wurden im Jahre 1378 24 preußische Schiffe von der Küste der Normandie aus angefallen. Karl V. versprach den Geschädigten Ersatz und bemühte sich, die Hansen von seiner wohlwollenden Gesinnung zu überzeugen.[8]

Weniger freundlich war in dieser Zeit das Verhältnis zu England. Die Neutralität der hansischen Schiffe wurde in dem

---

[1] Schäfer, Die Hansestädte, S. 356.
[2] H. U. B. IV, 76, A. 1. — [3] H. U. B. IV, 99, A. 1.
[4] H. U. B. IV, 105; Schäfer, Das Buch des lüb. Vogts, Einl., S. 66.
[5] Kunze, Hanseakten, 197.
[6] H. U. B. IV, 374; H. R.¹ II, 86, § 17.
[7] H. U. B. IV, 513.
[8] Hirsch, S. 95; vgl. auch H. R.¹ II, 168.

wieder ausgebrochenen Kriege der beiden Westmächte mehrfach verletzt. Besonders hatten sich die Preußen über die Engländer zu beklagen. 1375 hören wir, daß ein Danziger Bürger, Hermann Hallembergh, auf der Fahrt von Bordeaux von Engländern seines Weines beraubt wird.[1] Verschärft wurde der Konflikt dadurch, daß die Engländer am 12. Mai 1385 den Preußen sechs Schiffe im Swin wegnahmen.[2] Sofort wurde alles englische Gut in den preußischen Häfen mit Arrest belegt. Gleichzeitig ging eine Gesandtschaft nach England. Bei den Verhandlungen kam der Schaden, den man in letzter Zeit von den Engländern erlitten hatte, zur Sprache, und wir erfahren, daß 1378 ein Danziger Bürger, Tidemann Stiker, als er mit vielen anderen Schiffen aus der Baie kam, an der englischen Küste beraubt wurde.[3] Diese Nachricht ist vor allem deshalb von Interesse, weil wir hier zum ersten Male von Danziger Schiffern in der Baie hören.

Der Verkehr der Preußen an der Küste von Poitou und namentlich in der Baie muß um diese Zeit schon ziemlich bedeutend gewesen sein. Der Hauptanteil an diesem Verkehr war ohne Zweifel auf seiten Danzigs, das ja seit etwa 1380 den preußischen Großhandel zum größten Teil an sich brachte.[4] Auch Reval ist schon lebhaft an dem Baiensalzhandel beteiligt. Es kamen dorthin:

1378	. . .	61	Hundert Salz	=	457 Last.
1379	. . .	32	„ „	=	240 „
1381	. . .	54½	„ „	=	408 „
1382	. . .	13	„ „	=	97½ „
1383	. . .	148½	„ „	=	1113 „
1384	. . .	21	„ „	=	157 „[5]

---

[1] H. R.¹ III, 317, § 11.
[2] Koppmann, Die preuß.-engl. Beziehungen der Hanse, i. d. H. G. Bl. 1883, S. 118; vgl. H. R.¹ III, 198, § 6.
[3] H. R.¹ III, 202, § 15. — [4] Hirsch, S. 83.
[5] Stieda, Revaler Zollbücher, i. d. H. G. Q. V, S. LVIII und LIX.

Betrachten wir dazu die fortwährenden Klagen der Hansen über Plünderung durch die Normannen, Bretonen und Engländer[1], so sehen wir, daß der Baienhandel in den achtziger Jahren in kräftiger Blüte stand.

Bereits waren die Hansen auch stark an der englischen Einfuhr beteiligt. 1381 sollte ein Danziger Schiffer für einen Londoner Kaufmann Salz in der Baie laden.[2] 1383 erhielten hansische Kaufleute von König Richard II. die Erlaubnis, eine Ladung schonenschen Herings gegen Zahlung der üblichen Zölle nach Bordeaux auszuführen, um dafür Wein nach England zurückzubringen.[3] 1386 wurde ein preußischer Schiffer von König Richard für die Fahrt nach Bordeaux geleitet.[4] 1384 beklagten sich zwei Londoner Kaufleute über den Anspruch der Hansen auf Ausdehnung der für ihre heimischen Waren gewährten Zollfreiheit auch auf ihre nicht aus Deutschland stammende Einfuhr und erwähnten dabei ausdrücklich das Baiensalz[5], ein Beweis, daß dieses damals schon in Mengen nach London gekommen sein muß.

Aus allen diesen Tatsachen geht deutlich hervor, daß die Beziehungen der Hanse zur Baie schon recht rege waren. Nicht zum wenigsten hat dazu die freundliche Gesinnung beigetragen, die der französische König Karl VI. den Hansen bezeigte. Da er mit den Engländern, die bereits ihre französischen Plätze

---

[1] H. R.¹ III, 144, 358. 1387(?) plünderten die Normannen einen Holk mit Salz in der Baie (H. R.¹ III, 341, § 3). 1388 nahmen die Engländer eine Stralsunder Kogge, die mit Wein beladen von Rochelle nach London wollte (Kunze, Hanseakten, 345, § 4). 1389 raubten die Engländer einem Schiffer aus Zierikfee, der von Rochelle nach dem Swin segelte, 22 Faß Poitou-Wein (Kunze, Hanseakten, 329, § 18).

[2] H. R.¹ III, 404, A, § 30.

[3] Kunze, Hanseakten, 219; vgl. Kunze, 265: 1391 erlaubte Richard II. hansischen Kaufleuten Getreide nach Bordeaux und Bayonne auszuführen gegen eine Rückfracht Wein.

[4] Kunze, Hanseakten, 230. — [5] H. U. B. IV, 806.

bis auf einige wenige verloren hatten, im Kampfe stand, diese ihrerseits mit den Hansen fortwährende Reibereien hatten, so ist erklärlich, daß Karl den deutschen Kaufleuten gern den Weg in seine neuen Besitzungen eröffnete und ihren Wünschen entgegenkam.[1]

Im Jahre 1388 wurden endlich durch den Marienburger Vertrag die Feindseligkeiten zwischen England und Preußen beigelegt. Die Engländer gelobten den Preußen Schadenersatz; dafür erhielten sie das Recht, in jeder Hafenstadt Preußens anzulegen und ihre Waren zum Verkauf zu bringen.[2]

Aber dem so frisch aufgeblühten Verkehr stellten sich bald neue Hindernisse in den Weg. Streitigkeiten der Hanse mit Flandern veranlaßten im August 1388 die Verlegung des Stapels von Brügge nach Dordrecht. Jeder Handel mit Flandern war verboten[3]; die wichtigsten Artikel, Baiensalz und Poitou=Wein, durften nur auf den Dordrechter Stapel gebracht werden. Es wurde streng untersagt, sie an irgend einen Flandrer zu verkaufen.[4] Der Graf von Holland gewährte zwar für diese Artikel möglichst günstige Zollsätze[5]; aber es läßt sich denken, daß die unsicheren Verhältnisse, die sich jeden Augenblick wieder ändern konnten, den Kaufmann nicht zu den weiten Fahrten nach der Baie verlockten. Immerhin haben wir aus dem Jahre 1390 eine Bescheinigung des in Dordrecht weilenden deutschen Kaufmanns über den Ankauf von dreizehn Hundert Salz auf dem Dordrechter Stapel.[6]

Zwar war mit der Rückkehr des Kaufmanns nach Brügge (Ende 1392) hier ein auf sicheren Grundlagen ruhender Handel

---

[1] H. R.¹ III, 162—165.
[2] Koppmann i. d. H. G. Bl. 1883, S. 119 und Hirsch, S. 100.
[3] H. U. B. IV, 917 u. 965.
[4] H. U. B. IV, 968; H. R.¹ III, 425, §§ 1, 9; 428.
[5] H. U. B. IV, 965, § 1. — [6] H. U. B. IV, 1008 und 1009.

wieder möglich. Doch fehlen uns aus den nächsten Jahren bestimmte Nachrichten. Wir hören nur, daß die Vitalienbrüder Schiffe plünderten, die aus Frankreich mit Öl, Wachs, Honig, Wein und anderen Gütern kamen.[1] Ihr Treiben, welches bekanntlich mit den dänisch-mecklenburgischen Kämpfen im Zusammenhang stand, wird es hauptsächlich gewesen sein, das die Kaufleute vor weiteren Fahrten zurückschreckte.[2] Nur ein Fall ist bekannt, wo ein Danziger Bürger Salz in der Baie holt: 1397 fiel Klaus Rogge, als er von der Baie nach Preußen segelte, einem Seeräuber in die Hände.[3]

Erst als mit dem Ende des Jahrhunderts die Verhältnisse im Norden zur Ruhe gekommen waren, konnten Handel und Schiffahrt sich wieder entfalten. So sehen wir benn, daß mit dem neuen Jahrhundert auch der Baienhandel einen ungeahnten Aufschwung nimmt.

2. Die Blütezeit des Handels.

Reichlich hundert Jahre waren verflossen, seit deutsche Schiffe zum ersten Mal in den westfranzösischen Gewässern aufgetaucht waren. Geschickt hatten es die hansischen Kaufleute verstanden, ihre Konkurrenten, die Engländer und Flandrer, zu verdrängen und den ganzen Baienhandel allmählich an sich zu bringen. Jetzt, zu Beginn eines neuen Jahrhunderts, standen sie als die Beherrscher der westfranzösischen Märkte da, in erste Linie aber die Kaufleute der preußischen Städte.

Da die Preußen mit den Engländern seit 1398 wieder auf Kriegsfuß lebten[4], gerieten ihre Handelsflotten häufig mit ihnen zusammen. 1402 wurden an der Küste der Bretagne bei

---

[1] H. R.¹ IV, 453.
[2] Daenell, Geschichte der deutschen Hanse, S. 97, 116, 122—124.
[3] H. R.² I, 381, § 1.
[4] Koppmann i. b. H. G. Bl. 1883, S. 119—122.

Die Blütezeit des Handels. 57

Cap le Raz zwei preußischen Kaufleuten 92 Faß Rocheller Wein
geraubt.¹ 1403 verlor ein Danziger Kaufmann ein Schiff mit
einer Salzladung im Wert von 1114 Nob., andere preußische
Kaufleute verloren Salz im Wert von 400 Nob.²

Auch aus nichtpreußischen Häfen finden wir Kaufleute im
Westen Frankreichs. Stettiner holten Wein in Bayonne.³ 1404
büßten Stralsunder und Greifswalder eine Menge Salz ein,
das sie wahrscheinlich in der Baie geladen hatten.⁴ Ein anderer
Stralsunder hatte den Verlust von 14 Faß Rocheller Wein zu
beklagen.⁵ Alle diese Nachrichten beweisen uns, daß die Beziehungen zur Baie in diesen Jahren sehr lebhaft gewesen sein
müssen. Selbst der Orden scheint an dem Handel beteiligt gewesen zu sein. 1404 bat nämlich der Hochmeister Konrad von
Jungingen König Karl VI. von Frankreich um Rückgabe eines
Ordensschiffes, das in portu Britannie genommen sei.⁶

Dieser lebhafte Verkehr war nicht von langer Dauer.
Die in Frankreich zwischen den Häusern Orléans und Burgund
ausbrechenden Kämpfe riefen auch die Engländer wieder auf
den Plan. Mit einer großen Flotte erschienen sie 1405 im
Kanal und nahmen im Swin 2 Hamburger Schiffe. Der
Kaufmann zu Brügge warnte daher Hamburg und die
übrigen Hansestädte vor der Fahrt in die westlichen Gewässer.⁷
Infolgedessen scheint die Schiffahrt vorläufig ganz eingestellt zu
sein. Erst 1409 hören wir wieder von zwei preußischen Schiffen
in der Baie.⁸

Der Friede und Handelsvertrag zwischen England und
Preußen vom Jahre 1409⁹ konnte dem preußischen Handel

---

¹ H. R.¹ V, 94.
² Kunze, Hanseakten, 317, §§ 18, 19.
³ H. R.¹ V, 159. — ⁴ Kunze, 345, § 18.
⁵ H. U. B. V, 621, § 10.
⁶ H. R.¹ V, 201. — ⁷ H. U. B. V, 667.
⁸ Sattler, Handelsrechnungen, S. 96. — ⁹ Hirsch, S. 103.

wenig Vorteil bringen; denn das schwere Mißgeschick des Ordens im polnischen Kriege und die anarchischen Zustände in Preußen[1] mußten jede kaufmännische Unternehmungslust lähmen. Ganz allerdings hat der Verkehr nicht geruht: 1410 finden wir den Danziger Johann Broke in der Baie, um dort Salz und Kanevas zu laden.[2]

In den folgenden Jahren mehren sich die Nachrichten wieder. Ein Danziger Schiffer, Gervinus von Buren, lud 1411 zwölf Hundert Salz in Brouage[3] — die erste Erwähnung von Brouager Salz —, um sie nach Riga zu führen. Da mittlerweile das Verhältnis der Stadt Danzig zu den Engländern sich wieder verschlechtert hatte[4], begegnen wir auch wieder preußischen Klagen über englischen Seeraub. Am 1. Mai 1412 schrieb der Hochmeister an Heinrich IV., daß ein Rigaer Schiff auf der Fahrt nach der Baie beraubt worden sei.[5] In demselben Jahre wurde ein hansisches Schiff, das in Rochelle Wein holen sollte, geplündert.[6] 1413 fielen zwei preußische Holke, die mit Wein beladen von Rochelle kamen, bei der Insel Belle-Ile den Engländern in die Hände.[7]

Bis jetzt steht fest, daß in erster Linie die preußischen und livländischen Städte den Baienhandel betrieben, und daß die anfangs so tätigen Flandrer fast vollständig verdrängt waren. Neben den Preußen kommen in Betracht hauptsächlich nur noch die Kamper, die bereits früher lebhaften Anteil an den Westfahrten nahmen.[8] Sie scheinen jetzt neben den Preußen eine Hauptrolle in der Baie gespielt zu haben. Im Jahre 1414 nämlich erteilte Herzog Johann von der Bretagne gerade ihnen ein Privileg für den Handel in seinem Reich.[9]

---

[1] Hirsch, S. 104.
[2] Kunze, Hanseakten, 307. — [3] H. R.² I, 385, § 4.
[4] Hirsch, S. 104.
[5] H. U. B. V, 1047. — [6] H. R.² VII, S. 729, § 31.
[7] H. U. B. V, 1099. — [8] Vgl. oben S. 52. — [9] H. U. B. V, 1123.

Bald brachen wieder schwere Zeiten für den Baienhandel herein. 1415 ging der Kampf zwischen England und Frankreich, der seit dem Jahre 1389 durch Stillstandsbeschlüsse immer wieder hinausgeschoben war, von neuem los. Natürlich litt darunter der hansische Handel nicht wenig. Namentlich die Engländer machten sich wieder unangenehm bemerkbar. In Konstanz weilende Ratsendeboten der Hansestädte erhoben heftige Klagen wider sie (1417). Bereits hatten sie zehn hansische Schiffe, die aus der Baie kamen und Salz an Bord hatten, nach England aufgebracht.[1]

Weit schlimmer aber als dieser Gewaltakt war ein anderer, den die Engländer im Jahre 1416 verübten, und der die Hansen durch seine Folgen aufs schwerste schädigte. Die Engländer hatten nämlich hansische Schiffe mit Beschlag belegt und sie gezwungen, an dem Kampfe gegen die Franzosen und deren Verbündete, die Spanier, teilzunehmen[2]. Diese sahen darin einen Akt offener Feindseligkeit, für den sie Rache zu nehmen entschlossen waren. Als nun im Jahre 1419 eine hansische Kauffahrteiflotte von 40 Schiffen, unter denen auch einige aus Flandern sich befanden, in die Nähe von Rochelle gekommen war, wurde sie dort von einer spanischen Flotte angegriffen und überwältigt[3].

Eine hansische Tagfahrt beschloß, durch Vermittelung der Flandrer von den Spaniern Ersatz zu fordern. Allein die Flandrer waren nicht geneigt, die hansische Angelegenheit mit der ihrigen zu verquicken, um so weniger, als kurze Zeit nach dem Überfall von Rochelle hansische Seeleute im Hafen von Brügge einen galizischen Holk weggenommen hatten, was bei

---

[1] H. R.¹ VI, 451.
[2] Häbler, Der hansisch-spanische Konflikt von 1419, i. d. H. G. Bl. 1894, S. 54. Vgl. auch H. R.¹ VI, 451.
[3] H. R.¹ VII, 145.

den Flandrern große Verstimmung hervorrief. Der Kaufmann zu Brügge, der die unfreundliche Gesinnung der flandrischen Kommunen zunächst zu fühlen bekam, lehnte jede Verantwortung ab, bat aber doch die Hansestädte, das Schiff festzuhalten, wenn es einen Hafen anlaufen sollte.[1]

Dieser Brief ist in durchaus kriegerischem Sinne gehalten. Um nicht von den Spaniern aus dem Westen verdrängt zu werden, rät der Kaufmann, sich den Engländern anzuschließen, die sich eben zu einem Vergeltungszuge gegen Spanien rüsteten. Auf die Vermittelung Flanderns dürfe man sich nicht verlassen; man solle vielmehr tatkräftig gegen die Spanier vorgehen und die Wegnahme spanischen Gutes gestatten.

Doch zunächst mußte man sich wegen des galizischen Holkes mit Flandern verständigen. Recht verwickelt wurde die Angelegenheit für die Hansen, als bekannt wurde, daß die Räuber in Danzig gelandet seien und vom Hochmeister freies Geleit erhalten hätten. Der Rat von Brügge drohte jetzt mit Beschlagnahme aller Danziger Güter, wenn nicht bald Genugtuung geleistet würde.[2] Die Sache wurde nunmehr auf einem preußischen Städtetag ernstlich verhandelt. Der Hochmeister rechtfertigte sein Verhalten in einem Brief an die vier Lede, und damit scheint der Zwischenfall erledigt zu sein.[3]

Während nun die Hansen die Spanier durch Wegnahme ihrer Güter zum Nachgeben zu bringen suchten[4], erlangten die Flandrer vom spanischen König die Erlaubnis, sich durch eine Steuer von 5 Prozent auf spanische Waren für ihren Schaden bezahlt zu machen (1420).[5] Sie scheinen sogar im Verein mit den Holländern die Lage für sich ausgenutzt zu haben, indem

---

[1] H. R.¹ VII, 145; Häbler, S. 56/57.
[2] H. R.¹ VII, 231.
[3] H. R.¹ VII, 283; dazu Häbler, S. 59/60.
[4] H. R.¹ VII, 186.
[5] H. R.¹ VII, 576.

sie hansische Schiffer in Dienst nahmen und nach dem Westen fuhren.[1]

Unterdessen herrschte zwischen den Hansen und Spaniern ein tatsächlicher Kriegszustand. Auch die Bretonen mischten sich als die Bundesgenossen der Spanier ein. Die flandrischen Gewässer waren sehr unsicher, sodaß Brügge 1424 vor der Fahrt dorthin warnte.[2] Dadurch litt der Handel Brügges, und der Rat der Stadt nahm allmählich eine weniger schroffe Haltung gegenüber den Hansestädten an, so daß 1425 eine neue Verständigung zustande kam.[3] Jetzt konnte man daran denken, auch mit Spanien wieder auf friedlichen Fuß zu kommen. Auf ein Schreiben des Lübecker Hansetages vom Jahre 1426[4] erklärte sich der spanische König sogar bereit, mit den Hansen in Rochelle zu verhandeln.[5] Aber bei dem Versprechen blieb es; wir hören auch in den nächsten Jahren nur von gewalttätigen Schritten der Spanier.[6] Erst das im Jahre 1431 erlassene Verbot gegen den Gebrauch von spanischer Wolle im ganzen Gebiet der Hansen verhieß größere Wirkung.[7] Flandern, das am meisten durch dieses Verbot litt, bemühte sich jetzt ernstlich um eine Versöhnung der Gegner und erlangte vom spanischen König die Zusage, mit der Hanse in Brügge zu verhandeln.[8] Jedoch die erwartete Gesandtschaft erschien nicht.[9] Dagegen hörte man wieder von Beraubung und Bedrohung hansischer Schiffe durch spanische Auslieger. Die Folge war, daß das Wollverbot von neuem eingeschärft wurde.[10]

---

[1] H. R.¹ VII, 576 und Hirsch, S. 94, A. 80.
[2] Häbler, S. 68; H. R.¹ VII, 719.
[3] Häbler, S. 69/70.
[4] H. R.¹ VIII, 66.
[5] H. R.¹ VIII, 194, § 2.
[6] Hirsch, S. 87.
[7] H. R.² I, S. 328, § 37.
[8] H. R.² I, 190. — [9] H. R.² I, 317.
[10] Häbler, S. 74.

Die Sehnsucht nach Beilegung des Streites war überall unverkennbar. Auch andere Handelsstädte als Brügge, die aus der Westfahrt der Hansen Nutzen zogen, empfanden mehr und mehr die Fortdauer des Krieges als eine ernste Schädigung. Namentlich hatten die westfranzösischen Plätze unter dem verminderten Verkehr zu leiden und unter ihnen an erster Stelle Rochelle. Dieses ging nun tatkräftig vor, als 1435 die Hansen um Unterstützung ihrer Friedensbestrebungen baten, und erwirkte durch die Fürsprache des französischen Königs einen Geleitsbrief für die hansischen Gesandten.[1]

Während der Kaufmann zu Brügge nun mit Rochelle verhandelte, war eine preußisch-livländische Flotte in der Baie anwesend (1436). Hier trafen auch spanische Schiffer und Kaufleute ein, die, von gleichem Friedenswunsch beseelt wie die Hansen, einige Vertreter von Rochelle mit nach Bourgneuf gebracht hatten, um weiter über den Frieden zu verhandeln. Obwohl nun die Führer der preußischen Flotte keine Vollmacht zum Abschluß eines Friedens hatten, glaubten sie doch die günstige Gelegenheit benutzen zu müssen, einen Vertrag zustande zu bringen. So wurde am 21. Juli 1436 zu Bourgneuf zwischen dem deutschen und spanischen Kaufmann ein sechsjähriger Waffenstillstand abgeschlossen[2] und zwar ohne Mitwirkung des Kaufmanns zu Brügge (buten des copmanns wetene).[3] Als dieser nun die Verhandlungen mit Rochelle fortsetzte, gab man dort jede weitere Vermittelung auf. Die Folge davon war, daß die Spanier jenen Frieden nicht anerkannten und von neuem den hansischen Schiffen nachstellten.[4] 1439 war die Fehde zur See wieder in vollem Gange. Doch ist man dabei vor allem auf

---

[1] Häbler, S. 75.
[2] Häbler, S. 76; H. R.² II, 6 und 7.
[3] H. R.² II, 36.
[4] H. R.² II, 36, 40 und 111.

hansischer Seite auf endgültige Beilegung des Streites bedacht.¹ 1443 fanden endlich Verhandlungen in Brügge statt, die zu einem dreijährigen Stillstand führten, der jedoch, wenn keine Kündigung erfolgte, bis 1458 Gültigkeit haben sollte.²

Während dieser ganzen Konfliktszeit dauerte der Verkehr der beiden feindlichen Nationen fort. Man traf sich in der Baie, in Rochelle, ja die Spanier sind sogar nach hansischen Häfen gekommen; denn Brügge schlug gelegentlich dem deutschen Kaufmann vor, entsprechend dem Verhalten der Flandrer einen Zoll auf spanische Waren zu legen.³ Im Jahre 1430 brachte Bertold Buramer sein Baiensalz auf einem spanischen Schiff nach Danzig.⁴ Es waren eben nicht so sehr die spanischen Kaufleute als vielmehr die Führer der spanischen Kriegsschiffe, welche den hansischen Kaufmann zu schädigen suchten. Der spanische Kaufmann wünschte nicht minder als der hansische die Fortdauer friedlicher Verhältnisse.⁵

Es entsprach ganz dem sonstigen tatkräftigen Verhalten des deutschen Kaufmanns, wenn auch er sich nicht durch den Konflikt vor den Fahrten nach den westfranzösischen Plätzen abschrecken ließ. Die vorhandenen Nachrichten beweisen, daß gerade nach dem Zwischenfall von 1419 ein lebhafter Verkehr in der Baie sich entwickelte. So kam schon 1420 eine Baienflotte in Reval an.⁶ 1422 holten Revaler Kaufleute Salz in Brouage.⁷ 1423 kam Albrecht Bosinghusen mit einer holländischen Flotte aus Rochelle.⁸ 1425 nahmen Danziger Kaufleute sieben Schiffer aus Zieriksee und Westenschouwen in Dienst, um in

---

[1] Hirsch, S. 88; vgl. dazu H. R.² II, 534.
[2] Hirsch, S. 88.
[3] Häbler, S. 74/75; H. R.¹ VII, 576.
[4] Hirsch, S. 93, A. 71.
[5] Vgl. Häbler, S. 82.
[6] Vgl. Livl. Urkbb. V, 2438.
[7] Livl. Urkbb. V, 2703; VII, 464.
[8] Hirsch, S. 94, A. 80.

der Baie Salz zu laden und es dann nach Reval zu bringen.[1] Seit 1426 scheint auch der Orden sich lebhaft am Baiensalzgeschäft beteiligt zu haben; bis 1430 sind Spuren eines schwunghaften Handels vorhanden.[2]

Für die livländischen Städte können wir seit 1426 genau die Handelsbewegung verfolgen.[3] Wir sehen, daß jedes Jahr mit geringen Ausnahmen große Baienflotten in Reval ankamen. Für Danzig fehlen uns leider noch genauere Angaben, doch ist mit ziemlicher Sicherheit anzunehmen, daß hier der Verkehr nicht geringer gewesen sein wird.

1426 kamen 17 Salzschiffe nach Reval[4]; 1427 sind nur 8 verzeichnet.

Diese plötzliche Abnahme der Salzzufuhr erklärt sich aus den Vorgängen, die sich im Sommer dieses Jahres im Sund abspielten. 1426 hatten nämlich die wendischen Städte Lübeck, Stralsund, Rostock, Wismar, Lüneburg und Hamburg an König Erich von Dänemark den Krieg erklärt.[5] Den Oberbefehl über die hansische Flotte erhielt Tidemann Steen, Ratsherr zu Lübeck. Er hatte den Auftrag bekommen, mit der ganzen Flotte in den Sund zu segeln, um die Fahrt der baieschen Flotte[6] in die Ostsee und die der preußischen in die Nordsee zu sichern. Als alles geordnet war, segelten die Hansen, über 4000 Mann stark[7], ab und kamen am Abend des 21. Juli 1427 in den Sund. Hier entspann sich ein Gefecht mit den Dänen. Es

---

[1] H. R.[1] VII, 795.

[2] Sattler, Handelsrechnungen, S. 473, 493, 498, 502/503, 504, 508.

[3] Vgl. Stieda, Schiffahrtsregister, in den H. G. Bl. 1884.

[4] Siehe Stieda. Es sei an dieser Stelle ein für alle Male auf diese Register verwiesen. Im folgenden wird bei Revaler Schiffen nicht mehr die Quelle angeführt.

[5] Dahlmann, Geschichte von Dänemark III, S. 125.

[6] Die baiesche Flotte hatte in Flandern eine Warnung erhalten (H. R.[1] VIII, 181).

[7] Nach einer anderen Angabe 8000 Mann: Rufus, Städtechroniken, 28. Bd., S. 268.

gelang den Lübeckern einige feindliche Schiffe zu nehmen, aber die Hamburger gerieten auf den Grund und erlagen den Dänen. Statt nun auf die Baienflotte zu warten, räumte Tidemann Steen den Sund, um, wie er später behauptete, die preußische Flotte bei Bornholm in Schutz zu nehmen.[1] Er unterließ jedoch nicht, der Baienflotte eine Warnung entgegenzusenden, die aber zu spät kam.[2] Drei Stunden, nachdem er weggesegelt war, kamen die Baienschiffe in den Sund und fielen nach erbittertem Kampfe den Dänen in die Hände. 1300 Tote kostete den Dänen der Sieg, dafür konnten sie über 30 beladene Schiffe nach Hause führen.[3] Die Fahrzeuge gehörten zum größten Teil nach Preußen und Livland,[4] doch waren auch lübische Kaufleute an dem Verluste beteiligt.[5]

Die Folge dieses Unglücks war, daß man in Preußen alsbald die Schiffahrt einstellte und jede Ausfuhr verbot.[6] Dasselbe geschah in Livland.[7] Ein empfindlicher Salzmangel machte sich allenthalben geltend. Der Ordensmeister sah sich genötigt, Lübeck um Zusendung von Travensalz zu bitten.[8] Jede Unternehmungslust war gelähmt; wir hören 1427 nur von Unterhandlungen und Klagen. Die livländischen Städte beschlossen, ein Schreiben an König Erich zu senden, wovon sich aber Riga wenig Erfolg versprach. Dafür beraumte es auf den 5. September eine Versammlung in Pernau an.[9] Aber zu einem definitiven

---

[1] Dahlmann III, S. 131.
[2] H. R.¹ VIII, 214.
[3] Detmar, Städtechroniken 28. Bd., S. 386; Rufus, S. 273 gibt 46 Schiffe an. Eine dritte Chronik nennt 36 Schiffe (Scr. rer. Pruss. III, S. 491).
[4] H. R.¹ VIII, 259; H. R.² I, 381, § 98.
[5] Lüb. Urkdb. VII, 105; H. U. B. VIII, 1255 III, § 22.
[6] H. R.¹ VIII, 237, § 1.
[7] Livl. Urkdb. VII, 658; vgl. auch 655.
[8] Lüb. Urkdb. VII, 115 und 227.
[9] Livl. Urkdb. VII, 658.

Entschluß scheint man weder hier noch in Preußen gekommen zu sein. Man blieb neutral. Danzig gelang es infolgedessen auf diplomatischem Wege von König Erich die Freilassung der preußisch-livländischen Gefangenen zu erwirken.[1]

1428 kam in Reval nicht ein einziges Salzschiff an. Man wandte sich deshalb an Preußen und bat um Zufuhr. Da in diesem Jahre von Lübeck aus eine Menge Salz nach Danzig kam,[2] so konnte der Hochmeister die Salzausfuhr nach Livland und ins Deutschordensland freigeben.[3]

Mittlerweile setzten die wendischen Städte ihre Unternehmungen gegen die Dänen fort. Ihr Hauptaugenmerk war auf den Schutz der Handelsflotten gerichtet, die sich im Juli 1428 wieder einstellten. Auch Baienschiffe, wahrscheinlich waren es lübische, werden erwähnt.[4]

Am 15. Dezember gaben die preußischen Städte die Schiffahrt wieder frei. Gleichzeitig wurde eine Gesandtschaft an König Erich abgeordnet, der am 23. Februar 1429 die Fahrt durch seine Gewässer gestattete.[5] Infolgedessen hob sich der Handel wieder. Am 27. Mai 1429 kamen in Reval 27 Salzschiffe an. Auch in Danzig war eine Baienflotte ausgerüstet worden.[6] Indessen verliefen die Fahrten nicht ohne Störung. Da die Feindschaft der wendischen Städte gegen Dänemark fortdauerte, wurden die Schiffe der neutralen Preußen von beiden Parteien als feindlich behandelt.[7]

Auch unter dem englisch-französischen Krieg hatte der Verkehr zu leiden. Wir hören wieder von englischem Seeraub an hansischem Gut. Englische Auslieger nahmen einem Schiffer

---

[1] H. R.¹ VIII, 432.
[2] Scr. rer. Pruss. V, S. 495. — [3] H. R.¹ VIII, 433, § 3.
[4] H. R.¹ VIII, 467.
[5] H. R.¹ VIII, 546, § 1 u. 2; H. R.¹ VIII, 606.
[6] Vgl. H. R.² I, 381, S. 287, § 75.
[7] H. R.² I, Einleitung, S. IX.

von Sluis sein Schiff weg, in welchem hansische Kaufleute 18 Faß Rocheller Wein, 1 Pipe Honig, 3000 Pfund Rosinen und 80 Last Salz hatten.[1] Überhaupt stand die Hanse, namentlich Preußen, mit England immer noch auf gespanntem Fuß. In Hamburg schob man den Verlust der Seeschlacht im Sunde geradezu englischen Fahrzeugen zu, die den Dänen zu Hülfe gekommen seien.[2]

Das Jahr 1430 zeigt uns den Baienhandel in ziemlicher Blüte. Reval verzeichnet allein 37 Salzschiffe.[3] Die Revaler scheinen sich bei ihren Westfahrten vielfach flandrischer Schiffer bedient zu haben.[4] Auch in Danzig kamen Baienschiffe an.[5] Der andauernde Kriegszustand erforderte die größte Vorsicht. Im Sommer 1431 bat Lübeck den Kaufmann zu Brügge, die Schiffe aus der Baie zurückzuhalten. Allerdings kam der Brief zu spät, die meisten Schiffe waren schon weggesegelt;[6] doch scheinen sie glücklich den Sund passiert zu haben, denn Reval verzeichnet diesen Sommer 14 Salzschiffe.

In diesen Jahren wurde den Hansen die Konkurrenz der Holländer im Baienhandel empfindlich fühlbar. Von König Erich begünstigt — hatten sie doch im Jahre 1427 den Dänen im Kampfe gegen die hansische Baienflotte beigestanden[7] —, drangen sie von Jahr zu Jahr weiter in die baltischen Gewässer vor. Die preußisch-livländischen Städte, die aus ihrer neutralen Lage keinen Vorteil zogen, vielmehr von beiden feindlichen Teilen scheel angesehen wurden, hätten sich am liebsten auf die Seite ihrer westlichen Genossinnen gestellt, aber sie vermochten nicht den Hochmeister zu sich herüberzuziehen. So

---

[1] H. R.² VII, S. 730, § 41.
[2] H. R.² I, Einleitung, S. XV.
[3] Vgl. zu den Schiffahrtsreg. von Stieda H. R.¹ VIII, 769, §§ 46, 81, 91, 102, 111, 117, 204.
[4] Vgl. H. R.¹ VIII, 765 und 767. — [5] H. R.¹ VIII, 778.
[6] H. R.² I, 53. — [7] H. U. B. VIII, 1255 III, § 22.

konnten sie keine energische Handelspolitik treiben, sie mußten anderen die Früchte überlassen. Da verstanden es die Holländer sich in die Lücke einzudrängen. Sie holten sich einerseits das Getreide aus der Ostsee, andererseits brachten sie das Baiensalz dorthin. 1432 berichtet der Kaufmann zu Brügge an Lübeck, daß die Holländer und Seeländer, ferner Bürger aus Kampen mehr als 50 Schiffe ausrüsteten, um von der Baie Salz nach Preußen und Livland zu bringen.[1] Sieben Baienschiffe kamen in diesem Sommer in Riga an[2], 22 in Reval.

1433 kam nur ein Salzschiff nach Reval. Vielleicht erklärt sich dies aus einer Nachricht, die wir bei Hirsch[3] finden: Die Baienflotte war, als sie aus dem Hafen von Bourgneuf ausgelaufen war, durch einen Sturm zur Rückkehr gezwungen worden. Der Danziger Heinrich Brand verkaufte hierauf einen Teil der Ladung, um die Kosten für die Aufbewahrung der noch übrigen Waren bestreiten zu können. Als Anfang des Jahres 1434 in dem dänischen Krieg durch Ermüdung auf beiden Seiten ein vorläufiger Stillstand eingetreten war[4], ergab sich alsbald ein Aufschwung der Baienfahrten. In Reval kamen 35 Salzschiffe an; im Jahr des Wordingborger Friedens, 1435, sogar 58.

Unterdessen aber hatte sich das Verhältnis zu Holland äußerst zugespitzt. Noch während des Hansetages von 1434 liefen Nachrichten ein über Vergewaltigung hansischer Schiffe durch den Admiral des Herzogs von Burgund, den Herrn von der Veere.[5] So mußte vor allem mit Holland verhandelt werden. Das Ergebnis dieser vom Dezember 1434 bis April 1435 dauernden Unterhandlungen war ein Waffenstillstand bis zum 1. März 1436.[6]

---

[1] H. R.² I, 94.
[2] H. R.² I, 137. — [3] Hirsch, S. 92.
[4] Reibstein, Heinrich Vorrath, i. d. 3. d. wpr. G. V. XLII, S. 11.
[5] Reibstein, S. 16. — [6] Reibstein, S. 23.

Da nun aber 1436 der Kampf zwischen Burgund und England ausbrach, ferner die Verhandlungen mit Holland noch zu keinem definitiven Ergebnis gekommen waren, untersagte der Hochmeister die Schiffahrt durch den Sund, gab sie aber Ende März 1436 wieder frei.[1] Infolgedessen, und weil es dem hansischen Kontor gelungen war, den Stillstand mit Holland bis zum 1. März 1437 zu verlängern, wurden die Baienfahrten nicht unterbrochen. Reval verzeichnet für dieses Jahr 22 Salzschiffe. Auch die Danziger hatten eine Flotte nach der Baie gehen lassen.[2] Der Danziger Claus Winkelmann mietete in Hamburg zwei Schiffe, um Salz zu holen[3], ein anderer, Hans Wegner, fuhr mit zwei Schiffen nach Rochelle.[4] Zwei hansische Schiffer, die in Rochelle Wein geladen hatten, verloren ihre Ladung an die Engländer[5]; ein Danziger, der in der Baie Salz geholt hatte, fiel ebenfalls den Engländern in die Hände.[6] Ein lübischer Schiffer, Hans Bodendorp, sollte zwei Revaler Kaufleuten acht Hundert Baiensalz liefern, konnte aber seine Pflicht nicht erfüllen, sondern mußte van nodsake in die Welinge (d. h. die Mündung der Westerschelde) segeln.[7]

Wir sehen also, daß in diesem Jahre ein reger Verkehr im Westen Frankreichs sich entwickelte; in erster Linie waren Preußen und Livländer daran beteiligt; aber auch die Holländer blieben trotz des Krieges mit England nicht zurück.[8]

Während der Verhandlungen mit Holland waren auch solche mit England geführt worden, hatten aber keinen Erfolg gehabt. Durch den Ausbruch des burgundisch-englischen Krieges

---

[1] Reibstein, S. 30; H. R.² I, 520.
[2] H. R.² I, 525. — [3] Hirsch, S. 90.
[4] Hirsch, S. 94, A. 81.
[5] H. R.² VII, S. 732, § 57 u. S. 733, § 72.
[6] H. R.² VII, S. 733, § 70.
[7] Pauli, Lüb. Zustände im Mittelalter III, Urk. Nr. 107 und 242.
[8] H. R.² I, 525.

war es nun nicht möglich, mit den englischen Gesandten zu=
sammenzukommen, so daß die hansischen unverrichteter Sache
nach Hause zurückkehrten. (Mitte Juni 1436.) Es lag aber
den Hansen sehr viel daran, es mit den Engländern, die zur
See die Stärkeren waren, nicht zu verderben, zumal die Schiffe
aus der Baie noch nicht zurück waren. So beschloß man denn,
von Hamburg aus direkt eine Gesandtschaft nach England zu
schicken. Diese langte Ende Oktober 1436 an der englischen
Küste an. Am 11. März 1437 war man so weit gekommen,
daß die Vertragsartikel aufgesetzt werden konnten. Am 7. Juni
wurden die besiegelten Urkunden ausgetauscht.[1]

Der Friede mit England wirkte natürlich zurück auf das
Verhältnis der Hanse zu Flandern und Holland. Schon Anfang
März tauchte das Gerücht auf, daß die Holländer und Seeländer
die Verlängerung des Waffenstillstandes verweigerten und zum
Kriege gegen die Seestädte, namentlich gegen Danzig, rüsteten.[2]
Trotzdem sind in diesem Sommer zahlreiche Schiffe nach der
Baie gefahren, in Reval langten allein 44 Salzschiffe an.

Im Sommer 1437 war das Verhältnis zu Holland schon
sehr gespannt. Bereits kamen Plünderungen zur See vor: Ein
hansischer Schiffer, Albert von Buren, wurde von holländischen
Ausliegern, als er von der Baie nach England unterwegs war,
nach dem Swin aufgebracht.[3] Es schien daher ratsamer ein=
zulenken. Aber die Verhandlungen zu Deventer führten nicht
zum Ziel. Die gegenseitige Erbitterung steigerte sich vielmehr.
Preußen war seine eigenen Wege gegangen und hatte sich an
den Verhandlungen nicht beteiligt; ebensowenig schloß es sich
der Anfang 1438 erlassenen Handelssperre gegen Holland und
Flandern an. Jedoch hatte es mit seiner Neutralität in dem

---

[1] Vgl. die Darstellung bei Reibstein, S. 33—46.
[2] Reibstein, S. 46.
[3] H. R.² II, 113.

Die Blütezeit des Handels. 71

nunmehr ausbrechenden Kriege kein Glück. Auch die preußischen Schiffe, die auf der Fahrt nach der Baie waren, wurden von den Holländern angehalten. Sie mußten entweder einen Neutralitätseid leisten oder sich nach der Rückkehr aus der Baie als Gefangene stellen. Die Beweise scheinen den Holländern nicht genügt zu haben; jedenfalls belegten sie alle hansischen Schiffe, auch die preußisch=livländischen, am 1. April mit Beschlag.[1] Zu gleicher Zeit sagten die wendischen Städte Preußen Fehde an und drohten gegen seine Kauffahrteischiffe vorzugehen.[2]

Trotz dieser schwierigen Verhältnisse stockte der Handel durchaus nicht. Eine große preußisch=livländische Flotte war glücklich nach der Baie gelangt. Die Danziger Kaufleute luden allein 2700 Last Salz.[3] Gleichzeitig war auch eine holländische Flotte nach dem Westen gesegelt, in einer Stärke von 104 Schiffen. Diese traf auf der Trabe (d. h. dem Fahrwasser von Brest) mit den Hansen zusammen. (Donnerstag vor Pfingsten, am 29. Mai.) Einige von den hansischen Schiffern fuhren zu den Holländern hinüber, um zu erfahren, wie sie es mit ihnen halten wollten. Diese erklärten ihnen, daß sie mit den Preußen und Livländern in Friede und Freundschaft lebten, mer so wes uten zes steden (d. h. Lübeck, Hamburg, Rostock, Stralsund, Wismar und Lüneburg) were, dat solden se wol vinden. Trotz dieser Zusicherung fielen sie aber am Pfingstabend, den 31. Mai, über die Preußen her und nahmen ihnen 23 Schiffe. Die elf Schiffe, die in die wendischen Städte gehörten, entgingen diesem Schicksal, da sie auf die Kunde von den feindlichen Absichten der Holländer in die Bucht von Brest (Brustwater) hineingesegelt waren.[4]

---

[1] Reibstein, S. 60—61; dazu H. R.² II, 211 und 212.
[2] Reibstein, S. 62.
[3] Hirsch, S. 92.
[4] Bericht des deutschen Kaufmanns zu Antwerpen an Danzig, 1438 Juni 23 (nach der Darstellung eines Augenzeugen): H. R.² II, 240.

Dieses unerwartete Ereignis brachte die gesamte hansische Welt in gewaltige Aufregung. Die verräterische Wegnahme der Handelsflotte wurde namentlich in den wendischen Städten als eine Schmach empfunden, obwohl sie nicht direkt an dem Verlust beteiligt waren. Der Kriegseifer erhielt hier wieder frische Nahrung. Lübeck warnte Danzig bringend vor der Fahrt durch den Sund und riet, die Holländer in Preußen festzunehmen.[1] Es hoffte jedenfalls, daß Preußen sich nunmehr mit allem Feuer der wendischen Aktion gegen Holland anschließen werde, aber es täuschte sich. Zwar drangen die Danziger und die livländischen Städte unter dem unmittelbaren Eindruck des Vorfalls bei dem Hochmeister auf ein Bündnis mit den wendischen Städten, aber dieser wollte aus seiner neutralen Stellung nicht heraus und versuchte durch Verhandlungen zum Ziele zu gelangen.[2] Man kam vorläufig noch zu keinem Verständnis, und die Verhältnisse waren nach wie vor höchst unsicher. Die Baienfahrten gerieten ins Stocken; in Reval kamen 1439 nur 4 Salzschiffe an, 1440 und 1441 war es nicht besser.

Hierzu kam, daß die inneren dänischen Angelegenheiten nicht

Etwas anders lautet die Erzählung bei Detmar (Deutsche Städtechron., 28. Bd., S. 440): Die hansischen Schiffer hatten sich zusammengetan und sich gegenseitige Unterstützung gelobt. Aber die Preußen brachen den Eid und gingen zu den Holländern über. Do geschach alse men plecht to seggene, dat vakene en droch bedruct den andern und droch wert droghe to lone: die Holländer hielten ihr Wort nicht und nahmen den Preußen 23 Schiffe. Dieser Bericht Detmars, der den Preußen Wortbruch vorwirft, ist natürlich übertrieben und nicht ohne Parteinahme geschrieben. Die Erbitterung in den wendischen Städten gegen die Preußen war nicht gering, und es ist erklärlich, daß ein lübischer Chronist die Gelegenheit nicht vorübergehen ließ, ihnen etwas anzuhängen. H. R.² II, 241 spricht dafür, daß Lübeck sich der Sache der Preußen annahm; hätten die Preußen Verrat begangen, so würde Lübeck sich dazu nicht herbeigelassen haben.

[1] H. R.² II, 241.
[2] Reibstein i. b. Z. b. wpr. G. V. XLII, S. 62.

ohne Bedeutung blieben. 1439 wurde nämlich König Erich vom dänischen Reichsrat abgesetzt und Christoph von Baiern auf den Thron berufen. Die wendischen Städte erklärten sich zur Unterstützung Christophs bereit gegen Zusage der Hülfeleistung wider die Holländer, bei denen der vertriebene Erich einen Rückhalt gefunden hatte. Aber Christoph war klug genug, die Hanse nicht zu mächtig werden zu lassen. Er wußte „die Hanse durch Holland und Holland durch die Hanse im Schach zu halten". Er wurde der Vermittler zwischen beiden Teilen.

Bei der Hanse war gegen Ende 1440 das Friedensbedürfnis außerordentlich groß, da der Handel nach dem Westen schwer darniederlag. Doch kamen auf dem Lübecker Hansetag von 1441, an dem auch eine preußische Gesandtschaft teilnahm, noch keine gemeinsamen Beschlüsse zustande, da unter den Städten gegenseitiges Mißtrauen herrschte.[1] Daß man allerdings Grund hatte, vor Lübeck auf der Hut zu sein, zeigt uns ein Brief Vorraths an Danzig, worin er mitteilt, daß in Lübeck[2], Wismar und Hamburg eine Flotte nach der Baie ausgerüstet werde.[3]

Vor allem aber sehen wir die Holländer wieder auf dem Plan. Wie immer in kritischen Zeiten der Hansestädte, so nutzten sie auch jetzt ihre überlegene Stellung aus und suchten den ganzen Baienhandel in ihre Hand zu bringen. Wir hören, daß sie 1441 eine große Flotte ausrüsteten, die Seeländer allein 35, die Amsterdamer 20 Schiffe.[4] Von Danziger Unternehmungen haben wir dagegen keine Nachricht.

Mittlerweile hatten preußische Sendboten mit den Holländern in Kampen getagt, ohne jedoch etwas zu erreichen.[5] Erst auf dem

---

[1] Siehe die Darstellung bei Reibstein, S. 62—63.
[2] Vermutlich waren auch die Kaufleute, die 1439 aus Brouage und der Baie kamen und dabei den Engländern in die Hände fielen, größtenteils Lübecker (H. R.² VII, S. 734, §§ 77, 79, 83, 84, 85).
[3] H. R.² II, 458 und 459.
[4] H. R.² II, 465 und 466.
[5] Reibstein, S. 64; H. R.² II, 463.

großen Kongreß zu Kopenhagen (Juni bis September 1441) wurde den Preußen ein Schadenersatz von 9000 Pf. = 72000 M. pr. zugestanden, der in vier Raten bezahlt werden sollte.¹ Der Krieg der wendischen Städte gegen Holland fand ebenfalls durch einen 10jährigen Waffenstillstand seinen Abschluß.²

Es herrschte also wieder Frieden, und der Kaufmann konnte daran gehen, die Verluste, die er in den letzten Jahren erlitten hatte, durch einen gewinnbringenden Handel zu ersetzen. Es ist eine bekannte Tatsache, daß nach Krisen bei gesunden Verhältnissen meist eine gesteigerte Tätigkeit einsetzt. Diese Erscheinung sehen wir denn auch im Jahre 1442 deutlich hervortreten. Während 1441 von einem preußischen Baienhandel kaum die Rede sein konnte, ergab sich nun, als die Verhältnisse wieder sicher geworden waren, alsbald ein gewaltiger Aufschwung. Reval weist allein 59 Salzschiffe auf, die höchste Zahl, die es je erreicht hat. Dabei waren es vielfach lübische Schiffer, die das Salz aus der Baie holten.³

Auch die Holländer griffen eifrig zu und fuhren in großen Flotten nach dem Westen. Was die Hanse erstrebte, die Holländer aus der Ostsee auszuschließen, hatte sie in Kopenhagen nicht erreicht. So sehen wir denn die gefürchteten Konkurrenten nun mehr als früher in den baltischen Gewässern. 1443 liefen 40 holländische Baienschiffe im Danziger Hafen ein⁴; 13 andere wurden von Bremer Ausliegern genommen.⁵

---

[1] Hirsch, S. 130; Scr. rer. Pruss. V, S. 495: Bernt Stegmanns hansische Chronik zum Jahre 1441; H. R.² II, 494, § 2. — Aus H. R.² II, 489, § 5 geht hervor, daß die Preußen zuerst 15000 Pf. verlangten, während die Holländer nur 8000 Pf. boten.

[2] H. R.² II, 507.

[3] Vgl. Pauli, Lübische Zustände im Mittelalter III, Urk. Nr. 110, 111 und 112.

[4] Hirsch, S. 131.

[5] H. R.² III, 52.

Die Blütezeit des Handels.

Auch eine preußisch-livländische Flotte finden wir in der Baie.[1]

Auf diese glänzende Zeit folgte ein kleiner Rückschlag; der Handel blieb in den folgenden Jahren nicht ganz auf der Höhe der beiden vorhergehenden. 1444 langten 14 Salzschiffe in Reval an, 1445: 27, 1446: 42, 1447: 12, 1448: 9. Der Grund dieses Rückgangs lag in den Zeitverhältnissen. Mit den Holländern war schon wieder ein neuer Zwist entstanden, weil sie in der Bezahlung der Entschädigungsgelder allerhand Schwierigkeiten machten. Danzig schritt zu Repressalien an holländischen Kaufleuten in seiner Stadt; dafür entschädigten sich die Holländer wieder durch Seeraub.[2]

Ferner geriet die Hanse mit der französischen Regierung in Streit. Bremer Auslieger hatten nämlich 1441 einen der Königin Marie von Frankreich gehörenden Holk weggenommen. Ein französischer Auslieger, mit Kaperbriefen des französischen Königs ausgestattet, nahm deshalb drei nach Preußen und Livland bestimmte Salzschiffe weg (1446).[3]

Bestimmend für den Baienhandel wurde vor allem das Verhältnis Preußens zu England. In Preußen war der Vertrag von 1437 nie ratifiziert worden, und es hatte an Mißhelligkeiten mit England nicht gefehlt. Die Engländer wurden in Danzig schlimmer behandelt als die Angehörigen anderer Nationen.[4] Da nun die preußischen Städte zur Hanse gehörten, so

---

[1] Hirsch, S. 274, Beilage III. — Am 17. Dezember 1442 erteilte der Herzog der Bretagne den hansischen Kaufleuten einen Geleitsbrief für den Verkehr in seinem Land (Departementalarchiv zu Nantes E 125). — Auch Rochelle und Nantes wurden in diesem Jahre fleißig besucht. Ein Hanse verlor 90 Faß Rocheller Wein an engl. Seeräuber, ein anderer 44½ Pipen Nanter Wein, ein dritter 136½ Pipen Wein (H. R.² VII, S. 735, §§ 93, 96 und 97).

[2] Hirsch, S. 130—131.

[3] H. R.² III, 249 und 283.

[4] Hirsch, S. 113.

übertrug der König von England die Streitigkeiten auf die gesamte Hanse. Es kam zu Verhandlungen in Lübeck (Sommer 1449), die zu einem zweijährigen Stillstand führten. Während dieser Zeit sollte weiter verhandelt werden. Da machte ein Friedensbruch der Engländer eine Versöhnung vorläufig unmöglich. Kurz nach dem Lübecker Tag nämlich rüsteten die Engländer eine große Flotte gegen die Königin von Schottland, die ihr Vater, der Herzog von Burgund, hinübersenden wollte. Als sie nun in der See lagen, kam eine Baienflotte von 108 Schiffen, von denen 50 in die Hansestädte gehörten, darunter 14 nach Danzig und 13 nach Lübeck; die meisten waren Holländer und Kamper.

Die Engländer zwangen sie, mit ihnen in einen englischen Hafen zu segeln. Hier nahmen sie den Hansen alles weg, während sie die Holländer nnd Kamper, nachdem sie ihre Ladung genommen hatten, freiließen.[1]

Dieser englische Friedensbruch stellte den holländischen von 1438 doch einigermaßen in den Schatten. Es war ein Schlag, den die gesamte Hanse zu fühlen bekam, und den sie entschlossen war, nicht so ohne weiteres hinzunehmen. Auch in Preußen raffte man sich jetzt zu energischem Handeln auf; der Hochmeister ließ alle Engländer im Lande gefangen setzen.[2] Lübeck erhob heftige Beschwerden beim König von England[3], freilich ohne überhaupt einer Antwort gewürdigt zu werden.[4]

Trotz der Wegnahme der Baienflotte erschienen 1449 noch 27 Salzschiffe im Revaler Hafen. Wir müssen daher annehmen,

---

[1] Detmar bei Grautoff II, S. 125 ff.; H. R.² III, 530, 531, 532, 535; H. R.² III, 536 gibt die Größe der Baienflotte auf 130 Schiffe an; siehe auch H. U. B. IX, 196, § 2.
[2] H. R.² III, 536.
[3] H. R.² III, 534.
[4] H. R.² VII, 517 und ² III, 551.

daß noch eine zweite Flotte nach der Baie gesegelt war.[1] Jedenfalls war der Handel in diesem Jahr ein bedeutender. Die preußischen und wendischen Städte waren gleich stark daran beteiligt.

Im Jahre 1450 nahmen dann die Fahrten infolge der Feindschaft mit England sehr ab: Reval verzeichnet nur elf Salzschiffe. Die Engländer fuhren fort, hansischen Schiffen nachzustellen[2]; auch durch Franzosen und Bretonen waren die Meere gefährdet.[3] Bei dieser allenthalben herrschenden Unsicherheit vermochte auch die wohlwollende Gesinnung des Herzogs der Bretagne, der am 21. Februar 1450 den hansischen Kaufleuten ein Handelsprivileg erteilte[4], keine lebhaftere Bewegung hervorzurufen.

Die Wegnahme der Baienflotte durch die Engländer und die Regelung der gegenseitigen Beziehungen wurde von tiefgreifender Bedeutung für die inneren Verhältnisse der Hanse. Ein heftiger Gegensatz trat zutage zwischen Lübeck und Preußen. In Preußen war der Kriegseifer bald erloschen und hatte einer versöhnlicheren Stimmung Platz gemacht. Man wünschte hier durchaus eine Verständigung mit England, während Lübeck, in vollem Bewußtsein der erlittenen Schmach, jede friedliche Vermittlung zurückwies.

1450 war es lübischen Schiffern gelungen, auf der Fahrt nach Bergen ein englisches Schiff zu erbeuten. Auf demselben befanden sich zwei Gesandte des Königs von England, die an den Hochmeister geschickt waren, um über die Erledigung der Streitfragen zu verhandeln. Mit Rücksicht auf ihren offiziellen

---

[1] Diese Annahme scheint richtig zu sein; denn die Wegnahme der Baienflotte erfolgte am 23. Mai (H. R.² III, 531), in Reval kam die Flotte schon am 15. Mai an.
[2] H. R.² III, 627, § 8.
[3] H. R.² III, 636, § 5.
[4] Departementalarchiv zu Nantes, E 125.

Charakter ließ der lübische Rat sie nicht ins Gefängnis sperren, sondern erlaubte ihnen, eine Privatwohnung zu nehmen. Im März 1451 wünschte der eine von ihnen, John Stocker, seiner Geschäfte wegen nach England zurückzukehren. Der Rat gestattete es ihm gegen die eidliche Verpflichtung, an den bevorstehenden Verhandlungen zu Utrecht teilzunehmen und, falls sich diese zerschlügen, freiwillig in die Gefangenschaft zurückzukehren. Dr. Kent, der zweite Gefangene, übernahm die Bürgschaft für Stocker und versprach in Lübeck zu bleiben. Dennoch verließ er kurz darauf heimlich die Stadt.

Zur festgesetzten Zeit, im Mai 1451, trafen nun die lübischen Abgeordneten in Utrecht ein. Als auch Dr. Kent dort erschien, weigerten sich die Lübecker, mit dem eidbrüchigen Mann in irgend eine Verhandlung einzutreten. Durch die dringenden Vorstellungen der übrigen Ratsenbeboten ließen sie sich jedoch schließlich bewegen, ihren Widerspruch fallen zu lassen. Nun aber verlangte Kent plötzlich, daß vorher die englischen Gefangenen in Lübeck freigegeben würden. Solche Zumutungen lehnte Lübeck strikte ab, und die Verhandlungen zerschlugen sich. Man vereinbarte eine neue Versammlung für das nächste Jahr auf vierzehn Tage nach Ostern. Bis zum 1. Oktober des Jahres 1451 sollten sämtliche Streitigkeiten ruhen; wenn die Verhandlungen dann gesichert seien, sollte der Friede bis zum 1. Oktober 1452 dauern.[1]

Der Hochmeister nahm die neue Tagfahrt an und sandte ein Schadenverzeichnis seiner Untertanen nach England.[2] Der

---

[1] Siehe die Darstellung bei Wehrmann, Lübeck als Haupt der Hanse um die Mitte des 15. Jahrh., i. d. H. G. Bl. 1892, S. 83—86.

[2] H. U. B. VIII, 84, besonders §§ 11, 17, 19, 22, 23, 24, 30, 31, 34, 36, 38, 50, 51, 65, 69, 72, 74. Dieses Schadenverzeichnis unterrichtet uns genau über den Schaden, den die preußischen Kaufleute seit dem Jahre 1436 durch die Engländer erlitten hatten und gibt so Aufschluß über die Ausdehnung des preußischen Handelsverkehrs mit Westfrankreich. Nicht nur

Rat von Lübeck zeigte keinen großen Eifer, die Versammlung zustande zu bringen. Im September 1451 erließ er einen heftigen Brief an König Heinrich, der einer Absage gleichkam. Lübeck verlangte vor allem Genugtuung für die 1449 genommenen Schiffe und Bestrafung der wortbrüchigen Gefangenen Kent und Stocker.¹ Auf diesen Brief, der in **deutscher** Sprache abgefaßt war, folgte keine Erwiderung; er hatte den König wegen seiner stolzen Sprache tief verletzt. Die beabsichtigte Tagfahrt kam nicht zustande. Lübeck führte seine Sache konsequent weiter: Am 22. April 1452 erließ es ein Verbot gegen die Einfuhr englischer Tücher und rüstete auch Kaperschiffe aus.²

Während des Jahres 1451 scheint der lübische Baienhandel ziemlich geruht zu haben.³ Dagegen sind die Preußen und Livländer wieder in großen Flotten nach dem Westen gesegelt. 1451 kamen 31 Salzschiffe in Reval an, 1452 sogar 48.⁴ Preußen hatte eben seinen Frieden mit England und konnte so ungestört seinen Handel fortsetzen.⁵

Lübeck beharrte während des Jahres 1452 auf seiner Ablehnung jeder Verhandlung mit England.⁶ Der König von England jedoch war zum Frieden geneigt und gab 1453 allen Hansestädten, zunächst noch mit Ausnahme von Lübeck, sicheres Geleit auf drei Jahre.⁷ Da aber der Krieg zwischen den mit

---

mit der Baie bestand in diesen Jahren ein reger Verkehr, auch mit Brouage, Rochelle, Bordeaux (ja wieder mit Lissabon) sehen wir die Preußen in Beziehungen. 1449 verloren die Preußen allein 45176 M. an die Engländer.

¹ H. R.² IV, 14.
² Wehrmann, S. 86—87.
³ Nur eine Erwähnung: H. U. B. VIII, 215, § 64.
⁴ Im Jahre 1452 hören wir von groben Ausschreitungen der preußischen Schiffer in Bourgneuf. Die Flotte hatte wegen des dänisch-schwedischen Krieges von Lübeck eine Warnung erhalten und blieb so länger als gewöhnlich liegen (H. U. B. VIII, 129 und A. 3).
⁵ Hirsch, S. 114.
⁶ H. R.² IV, 127. — ⁷ Wehrmann, S. 87.

Dänemark verbundenen Lübeckern und England fortdauerte[1], war die Sicherheit auf dem Meere zu gering, als daß ein ergiebiger Handel stattfinden konnte.[2] Nach Reval kamen nur 12 Salzschiffe.

Lübeck stand unter allen Hansestädten so ziemlich allein da und konnte deshalb nicht mehr länger seine energische Haltung behaupten. Es wurde den vermittelnden Vorstellungen des Hochmeisters zugänglicher und gestattete wenigstens die Durchfuhr englischer Tücher. Auch war es damit einverstanden, den König von England um Wiederanknüpfung der abgebrochenen Verhandlungen anzugehen. Dieser war dazu nicht abgeneigt, verlangte aber, daß die Gesandten zu ihm nach England kämen. Das war nun freilich wegen der unruhigen Zeiten — der Orden stand bereits im Kampf mit den preußischen Städten — nicht möglich. Doch wurden die einmal angeknüpften Fäden nicht zerrissen, und am 1. März 1456 erschien ein Erlaß des Königs, der sämtlichen Hansestädten sicheres Geleit in seinem Lande gewährleistete.[3]

Unterdessen hatte der lange Kampf zwischen England und Frankreich sein Ende erreicht. Die Engländer verloren endgültig das alte Erbe der Eleonore von Poitou, jene reichen Küstenländer, die so oft von den Franzosen angefallen, aber nie ganz bezwungen waren. Mit dem Jahre 1451 brach für diese Gebiete eine neue Zeit herein, sie kamen nun dauernd unter französische Herrschaft.

Noch in demselben Jahre bemühte sich der Hochmeister mit Karl VII. anzuknüpfen.[4] Dieser nahm das Schreiben freund-

---

[1] Hirsch, S. 114.
[2] 1453 wurde ein preußisches Schiff aus der Baie vom Vogt zu Helsingör genommen (H. U. B. VIII, 254).
[3] Wehrmann, S. 87 und 88; H. U. B. VIII, 446.
[4] H. U. B. VIII, 115 Einl.

lich auf¹, aber sein Schutzbrief vom 7. Januar 1452² enthielt die Klausel, daß die Hansen nicht seine Feinde, d. h. die Engländer, mit Waren unterstützen dürften. Natürlich ging Lübeck, Englands Feindin, sofort darauf ein und forderte am 3. Juni den deutschen Kaufmann zu Deventer zum Abschluß mit dem französischen Unterhändler auf.³ Die preußischen Städte aber verwiesen die Angelegenheit auf eine allgemeine Tagfahrt.⁴ So scheiterte die Annahme des Schutzbriefes wahrscheinlich an der englischen Frage.⁵

Infolgedessen trübte sich das Verhältnis der Hanse zu Frankreich. Auch die alte Schadenersatzforderung wegen des genommenen Holzes tauchte wieder auf. Karl VII. erließ einen Arrestbefehl gegen die hansischen Kaufleute, und wir hören, daß einige in der Baie verhaftet wurden.⁶ Das wird neben der Unsicherheit auf dem Meere der Hauptgrund gewesen sein, daß 1453 der Verkehr im französischen Westen ein schwacher blieb. Doch hob sich der Baienhandel 1454 schon wieder, nach Reval kamen 48 Salzschiffe. Auch Danzig hatte eine Flotte nach der Baie gesandt.⁷

Während nun diese Flotte in der Baie war, erfolgte in Preußen der Abfall der Städte vom Orden. Sie fanden Unterstützung beim König von Polen, während der Orden mit Dänemark ein Bündnis schloß. Das war für die Städte nicht unwichtig, da der König von Dänemark durch die Beherrschung des Sundes Gewalt über die für Preußen so wichtigen Baien-

---

¹ H. R.² IV, 93.
² H. U. B. VIII, 115. — Auch Peter II. von der Bretagne versprach am 8. Februar 1452 den Hansen Schutz und Sicherheit (H. U. B. VIII, 1260).
³ H. R.² IV, 96. — ⁴ H. R.² IV, 107, § 2.
⁵ H. U. B. VIII, 115 Einl.
⁶ H. R.² IV, 161, § 10.
⁷ H. R.² IV, 276.

flotte bekam. In der Tat machte Christian schon Ende Mai 1454 einen Versuch, die heimkehrende Baienflotte zu nehmen[1]; dieser mißglückte jedoch, da dieselbe rechtzeitig gewarnt war.[2] Trotzdem gelang es dem König nachträglich, noch acht hansische Schiffe zu erbeuten, die mit Salz beladen waren, und von denen zwei nach Danzig gehörten.[3]

Da Memel und seit Juli 1455 auch Königsberg in den Händen des Ordens waren, so konnte derselbe über diese Häfen leicht Verstärkungen erhalten. Dies suchte Danzig natürlich zu verhindern und erließ deshalb am 24. Juni 1455 an Lübeck eine Warnung, diese Häfen zu besuchen.[4] Es sandte Auslieger in die See, die jeden Verkehr mit den feindlichen Häfen abzuschneiden suchten.[5] Darüber geriet Danzig mit den Hansestädten in Konflikt, die ihren Verkehr nach dem Osten einzuschränken nicht gewillt waren. Auch die livländischen Städte, mit denen Danzig sonst immer gute Beziehungen hatte, wurden in den Streit hineingezogen. Der Meister von Livland behandelte nämlich die Danziger Schiffer als Feinde trotz des Widerspruchs seiner Städte. Danzig machte deshalb die Städte für das feindliche Verhalten des Meisters verantwortlich und hielt sich an ihren Gütern schadlos.[6]

Es läßt sich denken, daß bei diesen Wirren keine großen Handelsunternehmungen nach dem Westen stattfinden konnten. Nur vereinzelt scheinen Danziger nach der Baie[7] und nach Rochelle[8] gesegelt zu sein. Von Revaler Salzschiffen hören wir

---

[1] Simson, Danzig im 13jährigen Kriege, i. d. Z. d. wpr. G. V. XXIX, S. 61; H. R.² IV, 278.
[2] H. U. B. VIII, 328.
[3] H. R.² IV, 232 und 280; vgl. auch H. U. B. VIII, 1160, §§ 14 und 30.
[4] Simson, S. 62. — [5] H. U. B. VIII, 410.
[6] Simson, S. 62—63.
[7] H. U. B. VIII, 1160, §§ 43, 48, 68.
[8] H. U. B. VIII, 890.

1455 gar nichts.¹ Doch haben die Holländer sich wieder die allgemeine Verwirrung zu nutze gemacht und Salz aus der Baie nach Danzig gebracht.² Trotz des Verbots, die feindlichen Häfen zu besuchen, segelten sechs holländische Schiffe nach der Balga; sie wurden aber von nachgesandten Danziger Kapern aufgebracht.³

Obwohl Danzig im Jahre 1456 den Livländern gegenüber einen feindseligeren Ton anschlug und ihren Schiffen nachstellen ließ⁴, so wurde von Reval doch eine Baienflotte ausgesandt, die ungefährdet ihren Bestimmungsort erreichte. Auf der Rückreise wurden vier Schiffe, die Salz und andere Güter geladen hatten, vom dänischen König zurückgehalten, trotzdem Livland mit Dänemark im Bunde stand.⁵ Immerhin kamen noch 27 Schiffe nach Reval. Danzig hat in diesem Jahre kein Salz in der Baie geholt.⁶

Der Anteil Livlands am Baienhandel war 1457 gering, es liefen nur 18 Schiffe in Reval ein. Vielleicht war die Beunruhigung der westlichen Gewässer durch französische Kriegsschiffe schuld an dem Sinken des Verkehrs.⁷ 1458 wurden wieder größere Unternehmungen ins Werk gesetzt. Wir hören von livländischen und holländischen Baienflotten.⁸ Genaueres über den Verkehr in diesem Jahre erfahren wir aus den Rigaer

---

¹ Juni 1455 wird in Riga Schiffsvolk aus der Baie erwähnt (H. R.² IV, S. 244, A.); es ist aber unsicher, ob daraus auf das Vorhandensein einer Baienflotte für dieses Jahr geschlossen werden kann.

² H. U. B. VIII, 410. — ³ H. U. B. VIII, 412.

⁴ Simson, S. 63.

⁵ H. R.² IV, 468.

⁶ 1456 war eine hansische Flotte in Lissabon, um dort Salz zu laden. Wegen der zu hohen Abgaben drohte sie dem König, wieder andere Plätze aufzusuchen, namentlich die Baie, daer wij of groote eere ontfanghen ende jonst (H. U. B. VIII, 464, § 2); ob Danziger dabei waren, wird nicht gesagt.

⁷ H. U. B. VIII, 620 Einl.

⁸ H. U. B. VIII, 739.

Handelsbriefen.[1] Daraus ersehen wir, daß dort 25 Baienschiffe ankamen, darunter Kamper und Hamburger. Die Holländer, deren Ankunft man mit einiger Besorgnis entgegensah, scheinen nicht gekommen zu sein.

Auch eine lübische Flotte von 18 Segeln fuhr nach der Baie, um dort Wein und Salz zu laden. Diese Flotte wurde auf der Rückfahrt von den Engländern unter Graf Warwick, der auf der Suche nach den Franzosen war und im Februar einen vergeblichen Landungsversuch in Bourgneuf gemacht hatte[2], von Calais aus angegriffen und nach hartem Strauß genommen.[3] Warwick verkaufte die Ladung in England zu Spottpreisen. König Heinrich setzte zwar eine Untersuchungskommission ein, aber von einem Ersatz der geraubten Waren hören wir nichts. Er begnügte sich damit, den Frieden von 1456 noch einmal zu publizieren. Lübeck nahm infolge dieses Friedensbruches den Kampf gegen England wieder auf.[4]

Als Ersatz gewissermaßen für die Störung des Friedens mit England bot sich Lübeck die Aussicht auf den Abschluß eines Abkommens mit Frankreich. Der Rat erteilte deshalb dem Kaufmann zu Brügge unbeschränkte Vollmacht, mit den Abgeordneten des

---

[1] Stein, Handelsbriefe, i. d. H. G. Bl. 1898.
[2] Chevas, S. 22.
[3] Detmar bei Grautoff II, S. 209; H. R.² IV, 667; H. U. B. VIII, 780 Einl. — Graf Warwick (in seinem Schreiben an Lübeck vom 2. April 1459, H. U. B. VIII, 780) stellte die Sache so dar, als sei er von den Lübeckern zuerst angegriffen worden. — Wir haben außerdem den Bericht einer kleinen englischen Chronik des 15. Jahrh.: Also a none after he toke 17 hulkes with other smaler vesselles laden with salt, for be cause the wolde not strike in the kinges name of Inglond (H. U. B. VIII, 780 Einl.). Nach allem scheint dies der Tatbestand zu sein: Auf der Suche nach den Franzosen traf Warwick mit der lübischen Flotte zusammen. Als sie seiner Aufforderung, die Segel zu streichen, nicht nachkommen wollte, kam es zum Kampfe, in dem die Lübecker überwältigt wurden.
[4] H. R.² IV, S. 471.

Königs Karl über die Schlichtung der Streitigkeiten, die noch von der Wegnahme des französischen Holkes herrührten, zu verhandeln und einen mehrjährigen Frieden abzuschließen.[1]

Es scheint dem französischen König nicht wenig an guten Beziehungen zur Hanse gelegen zu haben, um so mehr, als bereits am 16. Mai 1459 Herzog Franz von der Bretagne den Hansen einen Geleitsbrief ausstellte.[2] Aber der Abschluß der Verhandlungen mit Frankreich wurde durch ungenügende Vollmachten des Kaufmanns zu Brügge, die nur auf einen Waffenstillstand von 8—10 Jahren lauteten[3], verzögert. Der König wünschte dagegen einen ewigen Frieden.[4] Wenn derselbe in diesem Jahre auch noch nicht zustande kam, so weckte doch die günstige Stimmung in Frankreich zusammen mit dem zwischen Preußen und Dänemark eingetretenen Waffenstillstand die Unternehmungslust der hansischen Kaufleute; Reval allein verzeichnet 33 Baienschiffe.

Auch das Jahr 1400 zeigt keinen Niedergang; Reval sandte eine Flotte von 21 Schiffen nach der Baie. Desgleichen scheint auch von Lübeck eine starke Flotte dorthin gegangen zu sein.[5] Diese kam in Gefahr, von dem Dänenkönig gekapert zu werden, zu dem sich infolge seiner Wahl zum Herzog von Schleswig-Holstein das Verhältnis etwas verschlechtert hatte.[6] Doch gelangte sie infolge rechtzeitiger Warnung glücklich an ihren Bestimmungsort.[7] Auch hören wir in diesem Jahre wieder von Danziger Baienschiffen.[8]

---

[1] H R.² IV, 672 und Einleit. dazu S. 471—472.
[2] H. U. B. VIII, 796.
[3] H. R.² IV, 714, 715.
[4] H. R.² IV, 717, 720.
[5] Vgl. H. U. B. VIII, 963.
[6] Christian von Dänemark war gegen den Willen Hamburgs und Lübecks zum Herzog von Schleswig und Grafen von Holstein gewählt worden (Wehrmann i. b. H. G. Bl. 1892, S. 112).
[7] H. R.² V, 5. — [8] H. R.² V, 6.

Mittlerweile ging die Fehde zwischen Lübeck und England weiter. Lübische Schiffer plünderten englische Kaufleute an der bretonischen Küste.[1] Auch im Osten dauerte der Kampf zwischen dem Orden und den Städten mit ungeschwächter Kraft fort. Danzig richtete seine Bemühungen vor allem darauf, dem Orden jede Hülfe von der See her abzuschneiden. Nicht nur Danzigs Feinde, auch seine Freunde unterstützten den Orden durch Zufuhren. Die Handelsbriefe aus Königsberg[2] zeigen uns, daß diese Stadt hauptsächlich über Riga durch lübische Kaufleute mit Lebensmitteln versehen wurde. Daß die Lübecker nicht gesonnen waren, ihrem Verkehr mit dem Ordensland irgend welchen Zwang aufzuerlegen, kann freilich nicht Wunder nehmen. Wir müssen bedenken, daß das Ordensland verwüstet und mehr als je auf Zufuhr von außen angewiesen war; daher standen die Lebensmittel sehr hoch, und die Einfuhr war äußerst gewinnbringend. Der lohnendste Artikel war Baiensalz, das man hauptsächlich von lübischen Kaufleuten erhielt. Aber trotz des reichen Gewinns scheint in diesem Jahr (1461) der Baienhandel nicht besonders im Schwung gewesen zu sein; nach Reval kamen nur 15 Salzschiffe.

Die Verhandlungen mit Frankreich kamen wegen der fortwährenden Räubereien der Franzosen[3] nicht recht vorwärts. Endlich am 15. Juni 1461 wurde beschlossen, einen Gesandten zum Abschluß eines ewigen Friedens abzuordnen[4]. Da starb am 22. Juli Karl VII., und am 10. September beschlossen die Städte, noch eine Weile zu warten[5], um schwebende Ersatzverhandlungen erst zu Ende zu führen. Ende des Jahres wurde ein Lieger in der Baie beauftragt, mit dem Sekretär der Königin

---

[1] H. U. B. VIII, 963, 965.
[2] Stein, Handelsbriefe, i. d. H. G. Bl. 1898, Brief 21—27.
[3] Vgl. H. U. B. VIII, 880, 891, 944, 1014.
[4] H. R.² V, 121, § 7.
[5] H. R.² V, 161, § 6.

wegen des weggenommenen Holzes zu verhandeln.¹ Dieser verlangte 10000 Kronen, gab sich aber schließlich mit 3000 zufrieden.² Da der Kaufmann in Brügge außer stande war, diese Summe zu zahlen, kam man vorläufig nicht weiter.¹

Lübeck weigerte sich nach wie vor, in irgend eine Verhandlung mit England einzutreten, namliken umme des groten merkliken und unvorwintliken schaden, den wij unde unse borgere ... in korten jaren ... van den Engelschen geleden hebben.³ Die Lage wurde immer unerquicklicher, zumal nach der Thronbesteigung Eduards IV. auch die Engländer energisch Front machten gegen die hansischen Privilegien. Auf das Drängen der englischen Kaufmannschaft untersagte der König den Hansen den Zwischenhandel zwischen England und der Baie (de lande hopen se selven myt oren eghenen schepen to hanterende).⁴ Dieses Verbot traf so ziemlich die Reedereien sämtlicher östlichen Hansestädte, namentlich aber diejenigen Lübecks und Danzigs. Köln und die westlichen Binnenstädte, die weniger davon getroffen wurden, wollten eine Tagfahrt mit England, um eine Bestätigung ihrer Privilegien zu erzielen. Aber Lübeck ging darauf nicht ein, es betrachtete sich wie vor 1456 mit England im Kriegszustand. Danzig, welches durch den Ordenskrieg noch vollauf in Anspruch genommen war, konnte dieser Angelegenheit seine Aufmerksamkeit weniger widmen und mußte sich vorläufig damit begnügen, auf Lübeck in versöhnlichem Sinne einzuwirken.⁵ Zu offenem Kampfe kam es daher noch nicht.

Aus dem Jahre 1462 haben wir Nachrichten von einem ziemlich ausgedehnten Verkehr. Von Brügge wurde eine Baien-

---

¹ H. R.² V, 204. — ² H. R.² V, 203.
³ H. R.² V, 169.
⁴ H. R.² V, S. 85 und Nr. 147.
⁵ H. R.² V, Einleit., S. V—VI.

flotte ausgesandt, die teils in Livland, teils in Danzig, teils in Lübeck und Hamburg löschen sollte.¹ Nun hatte Danzig am 2. März 1462 die Hansestädte ersucht, nicht nur vor dem Besuch der Häfen Balga und Memel, sondern auch vor dem Verkehr mit Riga und Pernau zu warnen, da beide Städte Danzigs Feinde unterstützten.² Infolgedessen mußte der Kaufmann Danzig bitten, die Schiffe in Frieden ziehen zu lassen¹; auch Hamburg suchte in diesem Sinne auf Danzig einzuwirken.³ Lübeck aber unterließ es nicht, der Baienflotte eine Warnung entgegenzusenden.⁴ Die Flotte scheint keine Verluste von Danziger Ausliegern erlitten zu haben; in Reval langten 28 Salzschiffe an. Die holländischen Baienfahrer wagten aus Furcht vor den Danziger Kaperschiffen nicht weiter als Lübeck zu segeln. Doch fuhren sieben von ihnen, nachdem sie vorher einen Geleitsbrief von Danziger Gesandten erhalten hatten, nach Preußen.⁵

Vom Jahre 1463 an lassen uns die Revaler Schiffahrtsregister für einen längeren Zeitraum leider im Stich; wenigstens ist es unbestimmt, ob die daselbst verzeichneten Schiffe Salzschiffe sind. Wir können uns daher nur ein unklares Bild machen von dem westfranzösischen Verkehr in diesem und den folgenden Jahren, zumal auch Weinreich uns keine Nachrichten gibt. Doch dürfen wir mit ziemlicher Sicherheit annehmen, daß die Baienfahrten nicht ganz eingestellt worden sind. So hören wir 1463 von einigen Danziger Baienschiffen — sechs scheinen es gewesen zu sein —, die im Belt von zwei dänischen Orlogschiffen angegriffen werden. Die Hansen blieben Sieger; das eine der beiden Kriegsschiffe wurde gefangen und ein Teil der Besatzung mit nach Reval genommen.⁶

---

[1] H. R.² V, 224.
[2] H. R.² V, 223.
[3] H. R.² V, 233. — [4] H. U. B. VIII, S. 684, A. 6.
[5] H. R.² V, 264.
[6] H. U. B. IX, 28 und 104.

In diesem Jahre erlangte die Hanse vom König von
Frankreich ein Handelsprivileg. Am 20. Juli 1463 sandte
Ludwig XI. seinen Unterhändler Wilhelm de Combes mit In=
struktionen nach Brügge[1], und im Oktober desselben Jahres
war man so weit, daß der Schutzbrief in allen Häfen Frank=
reichs veröffentlicht wurde.[2] Dieses Privileg wurde dann im
April des folgenden Jahres mit einigen Abänderungen er=
neuert.[3] Während es nach der ersten Fassung noch erlaubt war,
Handel zu treiben auf eigenen oder fremden Schiffen, wurde
jetzt die Klausel eingeschoben: ausgenommen auf den Schiffen,
welche unseren alten Feinden, den Engländern, gehören.[4] Unter
den in dem Privileg genannten Häfen fehlt merkwürdigerweise
die Baie, aufgeführt werden dagegen Rochelle, Bordeaux und
Brouage.[5]

Der Friede mit Frankreich war leider nur von kurzer Dauer.
Kamper Schiffer beraubten nämlich einige Franzosen[6], worauf
diese sofort wieder den Seeraub auf hansische Schiffe eröffneten.[7]
Hierzu kam noch eine andere Angelegenheit, die, anfangs rein
privater Natur, bald von der französischen Regierung als casus
belli angesehen wurde. Die Sache verhielt sich folgendermaßen:
Kurz nach Pfingsten 1462 war ein großes französisches Kauf=
fahrteischiff, „Peter von Rochelle", mit Salz nach Danzig ge=
kommen. Als es im Hafen lag, zertrümmerte ein Blitzstrahl
seinen Mast. Der Schiffer reiste nach Hause und übertrug die
Aufsicht über das Krawel einem Franzosen. Da dieser bald
starb, übernahm auf seine Verfügung hin ein Bretone, Peter
de Nautis aus Nantes, die Verwaltung des Schiffes. Diesem
fehlte nun das zur Ausbesserung des Fahrzeuges nötige Geld,

---

[1] H. R.² V, 704.
[2] H. U. B. IX, 29; H. R.² V, 705. — [3] H. U. B. IX, 87.
[4] H. U. B. IX, 89. — [5] H. U. B. IX, 118.
[6] H. R.² V, 722. — [7] H. R.² V, 736, 775.

weshalb er nach und nach bei Danziger Kaufherrn 1000 Mark aufnahm, indem er das Geld hypothekarisch auf das Schiff verschreiben ließ. Als nun nach anderthalb Jahren (1464) der Schiffer mit dem Eigentümer zurückkehrte, um das Schiff abzuholen, verlangten die beiden Danziger vorerst Befriedigung ihrer Forderungen. Die beiden Franzosen wiesen die Sache vor das Danziger Gericht, welches dahin entschied, daß sie die Summe, welche Peter de Nautis zum Nutzen des Schiffes verwandt habe, bezahlen müßten. Da sie aber das erforderliche Geld nicht bereit hatten, so bewogen sie drei Danziger Bürger vorläufig die Verantwortlichkeit über das Schiff zu übernehmen, versprachen, bald mit dem zur Auslösung des Krawels nötigen Geld zurückzukehren und reisten ab. In ihrer Heimat angekommen, erhoben sie sofort heftige Klagen beim König gegen Danzig. Dieser nahm sich ihrer Sache an und drohte in einem Schreiben an den Kaufmann zu Brügge (5. Juli 1466)[1] mit Beschlagnahme aller hansischen Güter in Frankreich, wenn nicht das Krawel seinem Besitzer zurückgegeben würde. Die Danziger Regierung aber beharrte auf dem Standpunkte, daß zunächst die Forderungen der Pfandgläubiger befriedigt werden müßten und wandte sich an den König von Polen mit der Bitte, sich zu ihren Gunsten bei König Ludwig zu verwenden.[2] Die Angelegenheit zog sich noch mehrere Jahre hin; die Gläubiger hielten sich dadurch schadlos, daß sie nach und nach alle Schiffsgeräte auf gerichtlichem Wege verkaufen ließen. Schließlich, als die Franzosen das Fahrzeug, trotzdem sie von Danzig dazu aufgefordert wurden[3], nicht aus dem Hafen entfernten, ließ die Stadt das Schiff ausbessern und in ein Kriegsschiff umbauen.[4]

---

[1] H. U. B. IX, 294; dazu 296, 297.
[2] H. U. B. IX, 330.
[3] H. U. B. IX, 552.
[4] Vgl. Weinreichs Danziger Chronik, S. 93—94.

Diese Angelegenheit veranlaßte die Franzosen, gegen die hansischen Handelsschiffe vorzugehen. Vor allem natürlich die Danziger selbst[1], aber auch die anderen Städte hatten unter ihren Verfolgungen zu leiden.[2]

Während so Danzig zu Frankreich in ein feindliches Verhältnis geraten war, hatte sich Lübecks Stellung zu England, die bestimmt war durch die Wegnahme der Baienflotte im Jahre 1458, noch keineswegs gebessert. 1465 fanden Verhandlungen in Hamburg statt, wo auch englische Gesandte erschienen. Lübeck, mit ihm Bremen, Rostock und Wismar bestanden auf vorhergehende Begleichung ihrer Ersatzansprüche an England, während Köln, Hamburg und Danzig eine vermittelnde Haltung annahmen und in Übereinstimmung mit den Engländern den Abschluß eines Stillstandes wünschten. Aber dieser Vermittlungsversuch erwies sich als undurchführbar.[3] Doch scheint das Scheitern der Friedensverhandlungen keine schlimme Folgen gehabt zu haben; Weinreich berichtet wenigstens zum Jahre 1466, daß die Engländer Frieden hielten.[4]

Doch ist es klar, daß gerade das unsichere Verhältnis zu England und die erneute Feindschaft mit Frankreich keineswegs dem Baienhandel förderlich waren. Jedenfalls ist das Fehlen jeder Nachricht über die Westfahrten der politischen Lage zuzuschreiben. Das Schlimmste war nun, daß der schon lange glimmende Zwiespalt mit England bald zur offenen Flamme emporloberte und den ganzen Hansebund mit sich fortriß. Im Jahre 1467 erschlugen Seefahrer von Lynn den dänischen Vogt auf Island. Zur Entschädigung griff König Christian im Sommer 1468 vier englische Schiffe im Sund auf. Da nun nach dem Thorner Frieden eine Menge preußisches Kriegsvolk

---

[1] H. U. B. IX, 332. — [2] Vgl. H. U. B. IX, 449.
[3] H. R.² V, S. 458.
[4] Weinreichs Danziger Chronik, S. 3.

in dänische Dienste getreten war, so warfen die Engländer die Schuld auf die Hansen. Der deutsche Kaufmann zu London wurde gefangen gesetzt und seiner Habe beraubt.[1] Lübeck beobachtete diesen Ereignissen gegenüber eine zuwartende Haltung. Danzig aber, das aus dem Thorner Frieden innerlich gestärkt hervorgegangen war und auf den Hochmeister keine Rücksicht mehr zu nehmen brauchte, verlangte ein energisches Vorgehen gegen die Engländer.[2] Es rüstete Kaper aus, Paul Beneke und Merten Barbewigk eröffneten den Kampf.[3] Sie eroberten 1470 am Neujahrstag einen englischen Kauffahrer, „Joen von Neucastel", welchen sie in ein Kriegsschiff umwandelten. Damit segelten sie in die Baie, wo das Schiff alsbald unterging.[4] Mittlerweile waren noch andere Danziger Kriegsschiffe in Dienst gestellt. Wahrscheinlich unter deren Schutz gelangte eine große Baienflotte, die aus der Baie und Brouage kam und aus holländischen, Kamper und Danziger Schiffen bestand, 1470 glücklich nach Danzig.[5] Es war dies die erste große Baienflotte, die seit langer Zeit wieder in Danzig ankam.

Im Jahre 1470 war der Kampf gegen England in vollem Gang[6]; auch gegen Frankreich wurde gestritten.[7]

Inzwischen war König Eduard mit seinem bisherigen Anhänger, dem Grafen Warwick, in bittere Feindschaft geraten. Warwick mußte England verlassen und wandte sich nach Frankreich, wo er große Rüstungen betrieb. Das veranlaßte den englischen König, der Hanse durch burgundische Vermittelung Friedensanerbietungen zu machen.[8] Nicht minder wandte sich

---

[1] H. R.² VI, Einleit., S. VI; Weinreich, S. 5.
[2] H. R.² VI, Einleit., S. VI—VII.
[3] Weinreich, S. 5. — [4] Weinreich, S. 6.
[5] Weinreich, S. 8.
[6] Vgl. Weinreich, S. 7.
[7] H. R.² VI, 314.
[8] H. R.² VI, Einl., S. VII.

der König von Frankreich mit Friedensanträgen an die Städte.[1] Da traten neue Verwickelungen ein. Noch im Sommer 1470 kehrte Warwick nach England zurück und vertrieb König Eduard, der nach Burgund floh. Im März 1471 wurde er mit hansisch= burgundischer Macht wieder nach England zurückgeführt.[2] Dieses Ereignis hatte aber auf den hansisch=englischen Handelskrieg keinen Einfluß. Danzig betrieb vielmehr, um einen Druck auf England auszuüben, noch viel eifriger den Seekrieg. Die Lübecker zauderten noch; erst im Frühjahr 1472 sandten auch sie Kaper aus.[3] Doch behielten die Engländer und Franzosen im Westen das Übergewicht, so daß der hansische Handel dorthin eine Zeit lang stockte.[4] Das wurde anders, als im Herbst 1472 Paul Beneke die Leitung des „Peter von Danzig" übernahm.[5] Und als es nun dem „harten Seevogel" im Frühjahr 1473 gelang, eine unter burgundischer Flagge segelnde Galeere mit englischen Gütern zu nehmen, waren die Engländer des Kampfes müde. Eifrig betrieben sie das Friedenswerk, das 1474 zu Utrecht ab= geschlossen wurde.

Während der Verhandlungen in Utrecht bemühten sich die Hansen, auch die Fehde mit Frankreich beizulegen. Schon war durch die Vermittelung des Dänenkönigs der Boden dazu ge= ebnet.[6] Daher riet Brügge am 16. April 1473, die Gesandten in Utrecht zugleich mit Vollmachten für die Verhandlungen mit Frankreich auszurüsten.[7] Zwei Boten wurden an den König ge= schickt. Dieser, in der Hoffnung die Hansen als Bundesgenossen gegen England zu gewinnen, nahm die Unterhändler wohl= wollend auf und gewährte am 25. August 1473 einen zehn= jährigen Waffenstillstand.[8]

---

[1] H. R.² VI, 320—323. — [2] Weinreich, S. 7 und 9.
[3] Weinreich, S. 10.
[4] Weinreich S. 11.
[5] Weinreich, S. 11. — [6] Vgl. H. R.² VI, 575 und 623.
[7] H. R.² VI, 652. — [8] H. R.² VII, 45, 47, 51, 55.

Auch mit dem Herzog der Bretagne wurde ein Waffenstillstand abgeschlossen (9. Juli 1474), der sich freilich nur auf ein Jahr erstreckte. In der Zwischenzeit sollten die bestehenden Streitfragen erledigt werden, damit man zu einen dauernden Frieden gelange.[1]

Daß in den unruhigen Jahren von 1471—74 ein blühender Handel nach dem Westen nicht stattfinden konnte, ist klar. Trotzdem sind die Baienfahrten nicht unterbrochen worden. Namentlich sehen wir die geschäftigen Holländer den Verkehr aufrecht erhalten. Doch scheinen sie 1471 wegen eines Verbots des Dänenkönigs nicht durch den Sund gekommen zu sein.[2] Am 12. März 1472 segelte eine große Flotte aus der Welinge nach der Baie.[3] Es waren meist holländische Schiffe, die trotz des Verbots, Außenhansen zu verfrachten, zum Teil von hansischen Kaufleuten gemietet waren, um das Salz nach Livland zu bringen.[4] Von dieser Flotte fielen neun flämische und einige Danziger Baienschiffe den Franzosen in die Hände.[5] Infolgedessen erhielt eine andere holländische Flotte, die noch zur Baie wollte, keine Erlaubnis zur Ausfahrt.[6] 1473 scheinen die Holländer wieder nach dem Westen gesegelt zu sein; dänische Auslieger nahmen einem Kaufmann aus Sluis eine Ladung Salz von Brouage.[7]

Ein ganz anderer Verkehr konnte sich nun entwickeln, als man 1474 mit England und Frankreich in ein friedliches Ver-

---

[1] H. R.² VII, 238—239.
[2] H. R.² VI, 445. — Lüneburgs Handel war durch die Konkurrenz des Baiensalzes sehr geschädigt, so daß es sich an den König von Dänemark wandte. Dieser ließ sich gegen eine Geldsumme zu obigem Verbot herbei. (Vgl. auch H. R.² VI, 389.)
[3] Weinreich, S. 112, Brief des Berndt Pawest, Nr. 13 (auch H. R.² VI, S. 504).
[4] H. R² VI, 596, § 30. — [5] Weinreich, S. 11.
[6] Vgl. Weinreich, S. 115, Brief Nr. 20.
[7] H. R.² VII, 26.

Die Blütezeit des Handels.

hältnis gekommen war und auch die Beziehungen zur Bretagne von neuem geregelt waren. In dem Geleitsbrief, den der Herzog den Hansen am 9. Juli 1474 gab, hören wir, daß zu dieser Zeit eine Menge Danziger in der Baie sich befanden.

In der Tat war der Danziger Baienhandel im Jahre 1474 ein glänzender. Lauffer hat in der Zeitschrift des westpreußischen Geschichtsvereins, Heft XXXIII, sehr wertvolle Tabellen veröffentlicht, die uns ein klares Bild von dem damaligen Verkehr geben. Danach liefen in diesem Jahr im Danziger Hafen ein:

aus der Baie 71 Schiffe,
aus Brouage 2 Schiffe.[1]

Diese 71 Baienschiffe brachten 526 Hundert 16 Last Salz, 5 Pipen 10 Ohm Wein, 2 Pipen Poitou-Wein, 12 Sack Hopfen, 1 Last Walnüsse und Laken. Die 2 Schiffe aus Brouage brachten 22 Hundert Salz.[2] Ferner kamen von Lübeck 12 Pipen Poitou-Wein[3], die also lübische Schiffer geholt hatten. Aus Lissabon, wo, wie wir gesehen haben, die Hansen ebenfalls Salz holten, kam in diesem Jahre kein einziges Schiff.[4]

Wir sehen aus diesen Tabellen, daß Baiensalz einer der Haupteinfuhrartikel in Danzig war und fast ausschließlich direkt aus der Baie, resp. aus Brouage bezogen wurde. Die Holländer scheinen in diesem Jahre sehr gering an der Einfuhr beteiligt gewesen zu sein; nur die Amsterdamer brachten 15 Hundert Baiensalz.[5]

Auch das Jahr 1475 zeigt einen lebhaften Handel. Aus der Baie werden zwar nur 2 Schiffe, dagegen aus Brouage 21 verzeichnet.[6] 28 Schiffe waren dorthin ausgesegelt, unter

---

[1] Z. d. wpr. G. V. XXXIII, Tab. I, S. 8.
[2] Z. d. wpr. G. V. XXXIII, Tab. II, S. 22.
[3] Tab. II, S. 12.
[4] Tab. I, S. 8. — [5] Tab. II, S. 20.
[6] Tab. I, S. 8.

ihnen auch das große Krawel. Dieses ging in Brouage unter. Von den 28 Schiffen kamen 21 zurück[1], über den Verbleib der übrigen wird nichts berichtet.

In Verbindung mit diesem Danziger stand, wie es scheint, ein großes holländisches Unternehmen. Trotz des zwischen Burgund und Frankreich wieder ausgebrochenen Krieges waren die Amsterdamer mit 4 Orlog- und 50 Kauffahrteischiffen nach dem Westen gesegelt. In der Baie schloßen sich ihnen noch Schiffe aus Enkhuisen und Hoorn an, so daß auf der Rückfahrt gegen 70 Schiffe beisammen waren. Unterwegs wurden sie von französischen Kriegsschiffen angefallen und ihrer zehn genommen.[2] Nach Danzig ist von diesen holländischen Baienschiffen keins gekommen.[3]

Was nun die Danziger Flotte angeht, so brachten die beiden Schiffe aus der Baie $9^{1}/_{2}$ Hundert Salz; die 21 Brouager Schiffe brachten $108^{1}/_{2}$ Hundert 6 Last $15^{1}/_{2}$ Quarter Salz und 4 Pipen Wein.[4]

Das Jahr 1476 verzeichnet:

    aus der Baie 15 Schiffe,
    aus Brouage 16 Schiffe,
    aus Lissabon 1 Schiff.[5]

Die 15 Baienschiffe brachten $91^{1}/_{2}$ Hundert 28 Last 1 Quarter Salz und 10 Pipen Poitou-Wein (+ 3 Pipen Wein); die Brouager Schiffe brachten 74 Hundert Salz und 4 Pipen Poitou-Wein.[6]

---

[1] Scr. rer. Pruss. V, S. 443, Christoph Beyers des Älteren Danziger Chronik ad a. 1475; Weinreichs Chronik, S. 17.
[2] Weinreich, S. 17, A. 5.
[3] Z. d. wpr. G. V. XXXIII, Tab. II.
[4] Tab. II, S. 22. — [5] Tab. I, S. 8.
[6] Tab. II, S. 22.

In diesem Jahre war die Einfuhr der Holländer sehr stark. Es wurden eingeführt durch Schiffer aus:

Ter-Schelling	1 Last Baiensalz,
Amsterdam	51 Pipen Poitou-Wein,
	5 Pack Kanevas,
Monnickendam	6 Hundert Baiensalz,
Enkhuisen	2 Pipen Poitou-Wein,
Delfshaven	5 Hundert Brouager Salz,
Schiedam	6 Hundert Baiensalz,
Rotterdam	5½ Hundert Baiensalz,
Vlieland	1½ Hundert Baiensalz,
Seeland	1 Quarter Baiensalz,
	4 Pipen Poitou-Wein,
Zierikfee	3 Pipen Poitou-Wein,
Goes	6½ Hundert Brouager Salz,
Veere	2 Hundert Baiensalz,
Antwerpen	2 Pipen Poitou-Wein,
	3 Cent Kanevas.[1]

Über die Handelsbewegung in den folgenden Jahren sind wir leider nicht unterrichtet. Es ist aber ausgeschlossen, daß die Fahrten, nachdem sie einen so glänzenden Aufschwung genommen hatten, plötzlich wieder aufgehört haben sollten, zumal der Herzog von der Bretagne am 15. April 1477 den Hansen auf sieben Jahre Geleit für den Verkehr in seinem Lande gewährte.[2] Möglich ist allerdings, daß der zwischen Frankreich und Burgund tobende Krieg die Unternehmungslust des Kaufmanns etwas gedämpft hatte.[3] Auch hören wir von neuem Seeraub der Franzosen.[4] Doch war der König von Frankreich geneigt,

---

[1] Tab. II.
[2] H. R.³ I, S. 58, A. 4. — [3] Vgl. H. R.³ I, 15; 72, § 1; 131.
[4] H. R.³ I, 132, 206.

den Waffenstillstand, den er 1473 gewährt hatte, zu verlängern und einen ewigen Frieden mit der Hanse abzuschließen.[1]

Erst aus dem Jahre 1479 haben wir wieder sichere Nachrichten über den Baienhandel. Der Herzog Franz II. von der Bretagne hatte im Januar 1479 mit der Hanse einen Handelsvertrag abgeschlossen.[2] Infolgedessen sehen wir einen starken Verkehr sich anbahnen. In Reval kamen 48 Salzschiffe an.[3] Auch die Kamper rüsteten eine Flotte nach der Baie aus.[4]

In den folgenden Jahren herrschte gleichfalls ein starker Verkehr. Reval verzeichnet 1480: 34, 1481: 39, 1482: 20 Salzschiffe. Als 1482 durch den Abschluß des Friedens von Arras zwischen Frankreich und Burgund die westlichen Gewässer wieder ruhiger geworden waren, nahm der Verkehr noch mehr zu; Reval hatte 1483 45 Salzschiffe.

Im August dieses Jahres kam mit Frankreich ein ewiger Friede zustande.[5] Der Waffenstillstand von 1473 war abgelaufen, aber man hielt in den Hansestädten so lange mit der Erneuerung zurück, bis zwischen Frankreich und Burgund der Friede geschlossen war. Im September desselben Jahres bestätigte Karl VIII. den Vertrag.[6] Auch mit der Bretagne hatte man wieder in Verhandlungen gestanden; ein Gesandter des Herzogs, Antoine Baudin, war eigens deshalb nach Brügge geschickt worden. Das Ergebnis war ein Vertrag auf zehn Jahre.[7]

Trotzdem sehen wir im Jahre 1484 keinen stärkeren Verkehr im Westen Frankreichs; Reval hatte nur 25 Salzschiffe.

---

[1] H. R.³ I, 128, 140.
[2] Departementalarchiv von Nantes, E 125.
[3] Stieda, Schiffahrtsregister, i. d. H. G. Bl. 1884.
[4] H. R.³ III, 91.
[5] H. R.³ I, 502.
[6] H. R.³ I, 503.
[7] Departementalarchiv von Nantes, E 125; H. R.³ I, 480; 482, § 16, 17; 484; 490.

Dieser Rückgang des Baienhandels wird seinen Grund haben in der Unsicherheit der nordischen Meere. Dänemark lag mit England im Kampf; dänische Auslieger fahndeten nach englischen Waren. Die Aussicht auf reiche Beute lockte die kühnsten und frechsten Räuber in die engen, belebten Gewässer. Unter König Johann (1481—1513) wurde dieses Raubgesindel zu einer schweren Plage für die deutschen Kaufleute.[1] Im Spätsommer 1484 nahmen nun zwei dänische Auslieger, Potthorst und Pynynk, drei spanische Schiffe; diese führten bretonische Güter an Bord. Der Herzog der Bretagne warf die Schuld auf die Hansen und ließ einige Lübecker ins Gefängnis werfen.[2] Natürlich wurden infolgedessen die Fahrten nach der Baie möglichst eingeschränkt; wir hören in Reval 1485 nur von 16 Salzschiffen. Danziger Schiffe, die nach der Baie gesegelt waren, kamen ohne Ladung zurück, weil Salzmangel im Westen eingetreten war.[3]

Erst 1486 ließ der Herzog von der Bretagne durch Vermittlung der Nanteser und des Kaufmanns zu Brügge die Gefangenen wieder frei und sicherte den Hansen von neuem ungehinderten Verkehr in der Baie zu.[2]

Aber trotzdem konnte der Baienhandel nicht so recht aufblühen. Das Verhältnis Danzigs zu England hatte sich wieder zugespitzt.[4] Dazu kam, daß die Engländer, weil hansische Auslieger in dänische Dienste getreten waren, den Hansen die Räubereien der Dänen in die Schuhe schoben. Sie schritten zu Repressalien an hansischen Schiffen. Am 20. Dezember 1485 wurden zwei Danziger Schiffe, die von Brouage kamen, an der Insel Wight von Engländern geplündert.[5] Im Sommer 1486 wurde

---

[1] Weinreichs Chronik, Einl. S. XIV—XV; vgl. H. R.³ I, 550, § 7.
[2] Weinreichs Chronik, S. 35 und A. 1; dazu H. R.³ II, 21; 26, § 61.
[3] Weinreich, S. 39. — [4] Weinreich, Einl. S. XI.
[5] H. R.³ II, 510, § 18; H. R.³ IV, 134.

ein Danziger Baienschiff in der Nähe von Dover ausgeraubt.[1] Unter diesen Umständen ist es erklärlich, daß 1486 nur sechs Salzschiffe im Revaler Hafen vor Anker gingen; in Danzig wird uns nur von vier Baienschiffen gemeldet.[2]

1487 scheint der Verkehr wieder zugenommen zu haben, wahrscheinlich weil die Beilegung der Feindschaft mit der Bretagne zu neuen Unternehmungen lockte. Nach Reval kamen 33 Salzschiffe. Doch dauerte der friedliche Zustand nicht lange. Schon in diesem Jahre hören wir über französischen Seeraub klagen. Zwei Danziger Baienschiffe wurden von Seesoldaten aus der Normandie an der Küste der Bretagne vor der Baie geplündert.[3] Nebenher wurde der Kaufmann von den Engländern, Spaniern und Bretonen geschädigt.[4] Dazu liefen Klagen ein über Bedrückung der Baienschiffe im Sunde.[5] Alles das zeigt uns, daß der Baienhandel in diesem Jahre ziemlich umfangreich gewesen sein muß; auffallenderweise schweigt Weinreich ganz davon.

Als dann 1488 der König von Frankreich in Krieg geriet mit England und der Bretagne, England andererseits mit Holland, Seeland, Flandern und Brabant[6], war es vollends mit der Sicherheit auf dem Meere vorbei. Dazu kam noch die Feindschaft Lübecks gegen Dänemark.[7] Aber trotz dieser Schwierigkeiten sind die Baienfahrten nicht eingestellt worden. Wir sehen die Lübecker in der Baie, die Danziger in Brouage.[8] Auch von holländischen Baienschiffen hören wir.[9] In Reval kamen 25 Salzschiffe an.

---

[1] H. R.³ II, 510, § 27. — [2] Weinreichs Chronik, S. 45.
[3] H. R.³ II, 517; Damus i. b. Z. b. wpr. G. V. V, S. 32.
[4] H. R.³ II, 162, § 5; vgl. Weinreichs Chronik, S. 48.
[5] H. R.³ II, 170. — [6] Weinreichs Chronik, S. 53.
[7] Weinreichs Chronik, S. 56.
[8] H. R.³ II, 250; H. R.³ II, 510, § 34.
[9] H. R.³ II, 251.

Im Jahre 1489 verzeichnet Reval nur 10 Salzschiffe. Ein Danziger, der in Brouage Salz geholt hatte, verlor seine Ladung an einen englischen Auslieger.[1] Nähere Angaben fehlen uns aus diesem Jahre. Es ist anzunehmen, daß der Verkehr nicht sehr bedeutend gewesen ist; denn im Westen waren mittlerweile die Verhältnisse derart geworden, daß ein gesicherter Handelsbetrieb ausgeschlossen war. In Flandern tobten die Kämpfe der aufrührerischen Städte gegen die habsburgische Herrschaft fort, und da Brügge ein Hauptherd des Aufstandes war, stockte an diesem wichtigen Handelszentrum natürlich jeder Handel. Daß dadurch auch der Verkehr mit der Baie in Mitleidenschaft gezogen wurde, ist klar, zumal Lübeck vor den Fahrten dorthin gewarnt hatte.[2]

Auch mit dem Frieden von Tours (30. Oktober 1489) war noch keineswegs die für einen ergiebigen Handelsverkehr nötige Ruhe geschaffen. Denn Philipp von Cleve (bei den Hansen Philipp Munsoer genannt) setzte den Kampf gegen Maximilian auf eigene Faust fort und bemächtigte sich 1490 des Hafens von Sluis. Hier fand sich denn allerhand Raubgesindel und «vil verloffene diebe» zusammen, deren Treiben dem hansischen Kaufmann in jenen Gewässern die größten Gefahren brachte.[3]

So fuhr denn im Jahre 1490 nur ein Schiff von Danzig nach der Baie.[4] Eigentümlich, daß trotzdem von Danzig im ganzen 692 Last 2½ Hundert 36 Tonnen Baiensalz ausgeführt wurde.[5] Wir können dies nur daraus erklären, daß die Revaler, die mit 21 Schiffen nach der Baie gefahren waren,

---

[1] H. R.³ II, 510, § 39.
[2] Remus, Die Hanse und das Kontor zu Brügge am Ende des 15. Jahrh., in b. 3. d. wpr. G. V. XXX, S. 16.
[3] Weinreich, S. 68; Remus, S. 16.
[4] Lauffer i. b. 3. d. wpr. G. V. XXXIII, Tab. III, S. 29.
[5] Lauffer, Tab. V, S. 36.

Danzig mit Salz versorgt hatten. 1491 hören wir nur von zwei Schiffen, die von Danzig nach der Baie gesegelt waren, und die unterwegs französischen Freibeutern in die Hände fielen.[1] Dagegen waren acht Schiffe nach Brouage gefahren, von denen aber sechs durch die Engländer geplündert wurden.[2] Zahlreich stellten sich in diesem Jahre die Holländer ein, sie kamen mit 20 Baienschiffen nach Danzig.[3] Da auch die Revaler eine große Flotte (23 Schiffe) ausgesandt hatten, erklärt es sich, daß Danzig noch 593½ Last 15 Tonnen Baiensalz selbst ausführen konnte. Auch im Jahre 1492 hat die Revaler Baienflotte (33 Schiffe) augenscheinlich Danzig mit Salz versorgt; denn die Ausfuhr betrug 379 Last 53 Tonnen.[4]

Wir hören fortwährend von Seeraub in diesen Jahren. Im Norden machten die dänischen Auslieger dem Kaufmann viel zu schaffen. Auch die Engländer, die heimlich mit den Dänen paktierten[5], verübten Gewalttaten zur See. Dafür entschädigten sich die Hansen wieder, indem sie drei Huller Schiffe, die von Rochelle kamen und mit Wein, Salz und Leinwand beladen waren, ausplünderten.[6] Es scheint, daß die Hansen in jenen Jahren Rochelle und Bordeaux fleißig besucht und Wein in ihren Schiffen nach England geführt haben.[7]

Die Franzosen standen hinter den Engländern im Seeraub nicht zurück. Zwar hatte der französische König auf die Klagen der Hansestädte hin Abhülfe versprochen[8], aber eine Wendung trat nicht ein. 1492 waren acht Danziger Schiffe nach Brouage gesegelt. Nachdem sie dort Salz geladen hatten, kam der Admiral des Königs mit Kriegsschiffen heran und beschoß die

---

[1] H. R.³ II, 496, § 48.
[2] Weinreich, S. 70. — [3] Weinreich, S. 77.
[4] Lauffer, Tab. V, S. 36.
[5] Vgl. Weinreich, S. 74. — [6] H. R.³ II, 511, § 24.
[7] Vgl. H. R.³ II, 501, § 6; 506, § 16.
[8] H. R.³ II, 516.

Danziger, wobei er von der Stadt Rochelle unterstützt wurde. Als sich infolgedessen die Schiffer ergaben, legte er ihnen eine Zahlung von 1000 Kronen auf und verlangte noch neun Fässer Wein.[1]

Unter diesen Umständen, wo französischerseits die bestehenden Verträge einfach ignoriert wurden, mußte der so lebhafte Baien= verkehr allmählich eingeschränkt werden. Ja es scheint, daß 1493 kein einziges Schiff in der Baie Salz geholt hat, wir haben wenigstens keine Nachrichten davon. 1494 verzeichnet Reval 16 Salzschiffe. 1495 segelten von Danzig 4 Schiffe nach Brouage.[2] 1496 kamen 29 Salzschiffe nach Reval. Es ist aber bei dem gänzlichen Mangel an anderen Nachrichten sehr zweifel= haft, ob dies nur Baienschiffe waren. Möglich ist, daß auch Traven= oder Lissaboner=Salz[3] von diesen Schiffen gebracht wurde.

Gegen Ende des Jahrhunderts hören wir direkt nichts mehr von Fahrten nach der Baie. Doch weisen uns die Klagen hansischer Kaufleute, daß sie Wein von Bordeaux nur in eng= lischen Schiffen nach London führen durften, darauf hin, daß der Verkehr in jenen Gegenden noch fortdauerte.[4]

3. Der Rückgang der Baienfahrten.

Mit dem neuen Jahrhundert kam der direkte Verkehr der Hanse mit Spanien und Portugal mehr und mehr in Anwen= dung. Das Salz, das man bisher fast nur in der Baie und Brouage geholt hatte, lud man jetzt in Setubal und St. Lucar. Der Grund, daß die Hansen diese längere und gefahrvollere

---

[1] Damus i. b. Z. b. wpr. G. V. V, S. 33.
[2] Weinreich, S. 88.
[3] Daß die Preußen um diese Zeit nach Lissabon fuhren, beweist eine Nachricht bei Weinreich, S. 88.
[4] H. R.³ IV, 8, § 9; 13, § 7; 174, § 38.

Fahrt der Reise nach den westfranzösischen Salzplätzen vorzogen, wird hauptsächlich in der unfreundlichen Behandlung seitens der französischen Regierung gelegen haben.[1]

Ganz aber haben auch im 16. Jahrhundert die Fahrten nach der Baie und Brouage nicht aufgehört. Es zeigt sich in der Korrespondenz, die Danzig während des 16. Jahrhunderts mit Frankreich führte, daß die Neigung zum Besuch der französischen Salzhäfen nicht erloschen war; doch wurde dann weniger die Baie als Brouage aufgesucht. Die Beziehungen zu Westfrankreich waren eben zu alt, die Baienfahrten Jahrhunderte hindurch ein zu wichtiger Bestandteil des hansischen Großhandels gewesen, als daß der Verkehr so plötzlich abgebrochen werden konnte.

So haben wir denn aus dem Jahre 1506 die Nachricht, daß Danziger auswärts nach Brouage sind.[2] 1509 klagten die Hansen auf dem Kölner Drittelstag zu Münster, daß die Baienschiffe im Sunde gezwungen würden, außer dem Durchgangszoll noch sechs Tonnen Baiensalz[3] zu zahlen. Es sind also Spuren eines Baienhandels vorhanden. Auch die Holländer finden wir daran beteiligt; sie fuhren vorzugsweise nach Brouage und brachten das Salz in die baltischen Länder. Um ihre lästige Konkurrenz wenigstens aus den preußischen Häfen fernzuhalten, versuchten die Danziger sie durch «fruntlike handelynge» dahin zu bringen, das Salz nur nach Holland zu befördern.[4] Die Tatsachen beweisen uns, daß Danzig mit diesem Versuch keinen Erfolg gehabt hat. 1512 hören wir von Kampern in Brouage.[5] Desgleichen sind Spuren eines lübischen Baienhandels vorhanden.[6] Auch weisen die fortgesetzten Klagen der wendischen

---

[1] Vgl. Damus, S. 34.
[2] H. R.³ V, 128. — [3] H. R.³ V, 420, § 2.
[4] H. R.³ VI, 192, § 10. — [5] H. R.³ VI, 334.
[6] H. R.³ VI, 479.

Städte über Bedrückung ihrer Baienschiffe im Sunde auf einen solchen hin.[1]

Aus diesen Nachrichten ist zu ersehen, daß der Baienhandel in dem ersten Jahrzehnt des 16. Jahrhunderts noch ein ziemlich reger war. Es steht aber fest, daß die Danziger so gut wie gar keinen Anteil daran hatten, und daß von den Hansestädten ihn hauptsächlich die Lübecker in der Hand hatten.[2]

Franz I. war bemüht, den hansischen Verkehr im Westen wieder zu heben. Als 1519 französische Kaper, welche er dem Dänenkönig Christian II. zu Hülfe gesandt hatte, ein lübisches Schiff wegnahmen, sicherte er den Lübeckern auf ihre Klagen hin in wohlwollenden Ausdrücken Bestrafung der Schuldigen zu und versprach ihnen Sicherheit des Verkehrs in seinem Reich.[3] Wie weit die Lübecker sich dieses Privileg zu nutze gemacht haben, wissen wir nicht; bis jetzt fehlt uns jede Nachricht darüber. Auch von Danziger Baienfahrten hören wir nichts. Dagegen wird uns berichtet, daß 1521 die Holländer mit 100 Schiffen aus dem Westen kamen, um die Ladung, die aus Salz bestand, in den Ostseeländern zu veräußern.[4]

Diese Nachricht beweist uns jedenfalls, daß die Holländer den Baienhandel so ziemlich ganz in ihre Hand gebracht hatten, und daß die hansische Flagge jetzt seltener in den westfranzösischen Gewässern erschien.[5]

Vereinzelt begegnen uns allerdings auch in den nächsten Jahren noch hansische Baienfahrer. 1526 rüsteten Danziger Ratsherren ein Schiff aus, um nach Brouage zu segeln. Aber

---

[1] H. R.³ VI, 512, § 36.
[2] Vgl. Damus, S. 34.
[3] Burmeister, Beiträge, S. 88 und Urk. Nr. 6. Vgl. auch H. G. Bl. 1882: Höhlbaum, Hansisches aus dem 16. Jahrh. in Paris, S. 112.
[4] Scr. rer. Pruss. V, S. 522: Berndt Stegmanns Hansische Chronik ad a. 1521.
[5] Vgl. Pigeonneau II, S. 102.

es gelangte nicht an seinen Bestimmungsort, sondern wurde bereits in den Niederlanden aufgebracht.[1]

Aus den dreißiger Jahren sind gleichfalls Spuren eines Verkehrs vorhanden. 1533 erließ Danzig an seine Schiffer in Brouage eine Warnung, der lübischen Auslieger wegen durch den Sund zu fahren. Aus dem gleichen Jahre besitzen wir ein Schadenverzeichnis Danziger Bürger, woraus hervorgeht, daß um diese Zeit Salz in großen Mengen aus Seeland geholt wurde. Zweifellos war es Baien- oder Brouagersalz, das niederländische Schiffer gebracht hatten.[2]

Franz I. ließ in seinen Bemühungen nicht nach, die Hanse zu stärkerem Besuch seines Landes anzufeuern. 1533 bot er Erneuerung der Privilegien an. Auf dem Hansetag in Lüneburg (Juli 1535) wurde über dieses Anerbieten verhandelt. Die Städte waren sich nicht schlüssig, offenbar wollten sie nicht von dem Feind ihres Kaisers dieses Geschenk annehmen. Braunschweig mahnte geradezu zur Vorsicht, um den guten Schein nach außen zu wahren. Köln wünschte eine Vermittlung durch den Kaufmann zu Brügge, war aber zusammen mit Bremen, Rostock, Stralsund, Deventer und Zwolle einer Erneuerung der Privilegien nicht abgeneigt. Hamburg und Lübeck wollten erst ein Gutachten des Brügger Kontorsekretärs. Danzig und Riga, die keine Rücksicht auf den Kaiser zu nehmen brauchten, stimmten für eine Gesandtschaft nach Frankreich.[3]

Trotz aller Bedenken, die die Städte hatten, sind die Verhandlungen mit dem König nicht abgebrochen worden, und am 25. Januar 1536 erteilte Franz I. den Hansestädten ein Handelsprivileg.[4] Am 23. September desselben Jahres erklärten die wendischen Städte dem König sogar, daß er in seinem Kampf

---

[1] Damus, S. 34. — [2] Damus, S. 35.
[3] Kölner Inventar I, S. 311, Hansetag zu Lüneburg, 1535, Juli 15.
[4] Burmeister, S. 84.

Der Rückgang der Baienfahrten.

mit dem Kaiser von den Hansestädten nur Gutes zu erwarten habe, und daß sie den Verkehr nach Frankreich wieder aufnehmen würden.[1] In welchem Maße dies geschehen ist, darüber sind bis jetzt freilich keine Nachrichten bekannt geworden. Nur von Deventer, Kampen und Zwolle wissen wir, daß sie Salz in die livländischen Städte führten.[2] Auch fingen die Dänen und Schweden an, sich ihr Salz aus Frankreich selbst zu holen. Am 20. November 1541 schloß Franz I. mit Dänemark und am 10. Juli 1542 mit Schweden Handelsverträge ab, welche der Ausgangspunkt direkter Beziehungen zwischen Frankreich und den nordischen Ländern wurden.[3] Aber noch blieb die dänische Schiffahrt unbedeutend gegenüber den kapitalkräftigeren Konkurrenten, den Hansen und namentlich den Holländern.[4]

Die fortwährenden Kriege zwischen Franz I. und Karl V. störten natürlich den hansischen Handel in empfindlicher Weise.[5] Die Instruktion des Kölner Rats an seine Sendboten zum Hansetag in Lübeck (1549, Juni 3) enthält die Bemerkung: „Es tut bringend not, daß die hansischen Privilegien für Frankreich vom König bestätigt werden".[6] Um die hansischen Interessen besser vertreten zu können, schlug Lübeck vor, einen Prokurator in Frankreich zu bestellen.[7] Es drang zwar mit diesem Vorschlag durch, aber zur Ausführung des Beschlusses kam es nicht.

Vor allem war es Danzig, das sich bemühte, einen neuen Handelsvertrag mit Frankreich zustande zu bringen. Im Jahre

---

[1] Höhlbaum, Hansisches aus dem 16. Jahrh. in Paris, S. 112, Brief vom 23. September.
[2] Köln. Inv. I, S. 319, Kölner Drittelstag, 1539, 1. Oktober, Nr. 7.
[3] Pigeonneau II, S. 101; Schäfer, Geschichte von Dänemark IV, S. 413.
[4] Schäfer, S. 414. — [5] Köln. Inv. I, Nr. 312, 348 und 395.
[6] Köln. Inv. I, S. 335, § 12.
[7] Köln. Inv. I, S. 340.

1551 richtete es einen Brief an König Heinrich und bat um Schutz seiner Kaufleute.[1] Die Folge dieses Schreibens war ein Privileg Heinrichs für die hansischen Kaufleute vom 20. Januar 1552.[2] Die französische Regierung ließ es sich angelegen sein, den, wie es scheint, wiederaufgenommenen Verkehr nach Kräften zu fördern. Sie ging auf die Klagen der Hansestädte bereitwilligst ein und suchte gegen etwaige Mängel Abhülfe zu schaffen. So wurden 1554 vier Danziger Schiffe, die von Untertanen des Königs genommen waren, auf seinen Befehl wieder freigegeben.[3]

Diese freundliche Gesinnung des Königs trieb wieder zu größeren Unternehmungen an. Aus den Jahren 1554 und 1555 hören wir von zahlreichen hansischen Schiffen in Frankreich, dessen Waren sie trotz des Unwillens der englischen Kaufmannschaft sogar nach England einführten.[4] 1557 sandten die Danziger eine große Flotte nach Frankreich.[5] Auch die wendischen Städte sind in diesem Jahre stark am Baienhandel beteiligt, vornehmlich holten sie Salz in Brouage; Hamburg hatte 87, Lübeck 12, Rostock und Stralsund je 5 und Wismar 4 Schiffe ausgesandt.[6] 1560 fuhren 41 Hamburger, 31 Lübecker, 7 Rostocker, 12 Stralsunder und 6 Wismarer Schiffe mit Brouager Salz durch den Sund.[7]

In Deutschland blühten allenthalben Baiensalzhandelsunternehmungen auf. 1555 erlangten Anton Schmidt aus Danzig

---

[1] Damus, S. 38.

[2] Burmeister, Beiträge, S. 84.

[3] Damus, S. 37.

[4] Köln. Inv. I, S. 389, Schreiben des Londoner Kontors an Köln vom 10. April 1555.

[5] Damus, S. 38.

[6] Ich verdanke diese Angaben den Mitteilungen meines Freundes Hermann Willmann aus dem Reichsarchiv zu Kopenhagen (Sundzollregister 15).

[7] Siehe die vorhergehende Note.

und seine Gesellschaft von der schlesischen Kammer ein Privileg auf 15 Jahre für alleinige Einfuhr von Baiensalz in Schlesien. Der Kurfürst von Brandenburg erteilte 1560 einem Frankfurter Bürger, Conrad Assen, das Recht, Baiensalz in zwei Pfannen gegen 800 Taler Abgabe zu versieden. Ein Jahr später erwarb sich eine schlesische Handelsgesellschaft vom Herzog Barnim von Pommern auf 25 Jahre das Privileg, das „Beyen- oder Meersalz" zu versieden und innerhalb sowie außerhalb des Landes nach ihrem Gefallen zu verkaufen.[1]

Doch der Erfolg entsprach nicht den gehegten Hoffnungen: nur die Assensche Baiensalzhandlung blühte eine Zeitlang. Trotzdem hörte die Spekulation nicht auf; in Brandenburg erwarben sich noch andere Gesellschaften Baiensalzprivilegien. Sogar Kaiser Ferdinand I. beteiligte sich an dem Geschäft und legte Siedereien in Schlesien und der Lausitz an. Für Brandenburg gab es Baiensalzsiedestätten in Frankfurt, Müllrose und anderen Orten, für das übrige Norddeutschland in Stettin, Hamburg, Bremen und Köln am Rhein.[2]

Erwähnung verdient auch an dieser Stelle die großartige Tätigkeit des Kurfürsten August von Sachsen auf dem Gebiet des Baienhandels. Sein Bemühen richtete sich darauf, sein Land von der fremden Salzproduktion unabhängig zu machen und durch Handelsunternehmungen mit Baiensalz eigene Erwerbsquellen zu eröffnen. Freilich sind diese Unternehmungen ziemlich mißglückt.[3] Doch zeigen alle diese Versuche, daß das Baiensalz damals im deutschen Handel noch eine große Rolle gespielt hat, und daß der Verkehr mit Westfrankreich ein lebhafter gewesen sein muß. Die Hauptstapelplätze waren Hamburg und Stettin, jenes für die Elb-, dieses für die Obergegenden.

---

[1] Fürsen, Geschichte des kursächsischen Salzwesens, i. d. Leipziger Stud., IV. Band, 3. Heft, S. 73.
[2] Fürsen, S. 74. — [3] Fürsen, S. 74—94.

Nach Stettin kamen in den siebziger Jahren des 16. Jahrhunderts jährlich 2000—3000 Last, nach Hamburg sogar 10000—30000 Last.¹

Angesichts dieses lebhaften Verkehrs war die französische Regierung eifrig bemüht, die guten Beziehungen zur Hanse aufrecht zu erhalten. So bestätigten Franz II. am 5. August 1559 und Karl IX. am 8. Oktober 1561 den deutschen Kaufleuten ihre Privilegien.² Die Folgen äußerten sich sofort auf dem Gebiete des westfranzösischen Handels: 1562 kamen 61 Schiffe der wendischen Städte aus Brouage durch den Sund³; dabei ist ganz außer acht gelassen die gewiß große Anzahl von Schiffen, die bereits in Hamburg und Bremen gelöscht hatten. 1563 bemerken wir ein Sinken des Handels; es kamen nur 27 wendische Schiffe mit Brouager Salz durch den Sund.⁴ Auch in den folgenden Jahren erreichte der Verkehr nicht ganz die Höhe der Jahre 1557—62. Natürlich ist diese Abnahme zu erklären aus den nordischen Händeln. Lübeck führte zusammen mit Dänemark den siebenjährigen Kampf gegen Schweden (1563—70). König Friedrich II. verbot den Hansestädten jede Zufuhr nach den feindlichen Häfen. Der Verkehr mit Schweden war daher äußerst erschwert, und das Land geriet in empfindliche Not; namentlich machte sich ein andauernder Salzmangel fühlbar.⁵

In den letzten Jahren war von den Hansestädten keine Gesandtschaft mehr nach Frankreich geschickt worden, um die Bestätigung der Privilegien nachzusuchen. Dies war von der französischen Regierung mit Mißfallen bemerkt worden, und Charles Dançay, der französische Gesandte am dänischen Hof⁶,

---

¹ Fürsen, S. 72. — ² Burmeister, Beiträge, S. 84.
³ Reichsarchiv zu Kopenhagen. — ⁴ Siehe die vorhergehende Note.
⁵ Schäfer, Geschichte von Dänemark V, S. 165.
⁶ Vgl. über ihn Schäfer V, S. 211.

Der Rückgang der Baienfahrten.

bemühte sich, die Hansestädte zu einer solchen Gesandtschaft zu bewegen.[1] Endlich, am 25. November 1567, ging eine hansische Abordnung, bestehend aus Dr. Sudermann und Dr. Cleophas Mey, nach Frankreich ab.[2] Unterwegs aber erhielt sie ein Schreiben des französischen Königs, worin dieser wegen der Unruhen im Lande um Aufschub der Reise bat.[3]

Erst im Jahre 1571, als die Verhältnisse in Frankreich wieder ruhiger geworden waren, regte Dançay zur Wiederaufnahme der Verhandlungen an[4], nachdem am 15. Februar König Karl in demselben Sinne an Lübeck geschrieben hatte.[5] Auf dem im Sommer 1572 zu Lübeck stattfindenden Hansetag wurde dann die schleunige Ausführung der Gesandtschaft durch Sudermann und Hamburg-Danzig, „die des französischen Handels am besten kundig seien", beschlossen.[6] Am 28. Juni teilte dies der Hansetag dem französischen König mit.[7] Bemerkenswert ist, daß auf diesem Hansetage zahlreiche Klagen hansischer Kaufleute über Zollbedrückungen namentlich in Brouage laut wurden.[8] Die Hamburger hatten eigens eine Klageschrift verfaßt, deren Hauptpunkte folgende waren[9]:

1. Güter, die in Rochelle oder Bordeaux eingekauft und dort bereits verzollt sind, müssen, wenn sie auf Barken nach Brouage gebracht werden, dort in der Regel noch einmal eine Abgabe tragen.

---

[1] Köln. Inv. I, Nr. 2826 (1566, Juni 14).
[2] Köln. Inv. I, Nr. 3229 (1567, November 25).
[3] Köln. Inv. I, Nr. 3267 (1568, Januar 16) und 3288 (1568, Februar 26).
[4] Köln. Inv. I, Nr. 3592 (Brief vom 25. März 1571) und S. 608.
[5] Köln. Inv. I, Nr. 3572.
[6] Köln. Inv. II, Anhang Nr. 15, S. 385.
[7] Köln. Inv. II, Nr. 149.
[8] Köln. Inv. II, Nr. 145, 146 und Anhang Nr. 8, 9.
[9] Siehe die vorhergehende Note.

2. Auf Vitriol, Pech, Schwefel und Spezereiwaren laste ein ungebührlicher Zoll.
3. Während es früher erlaubt gewesen sei, mit den Einheimischen und Fremden frei und ungehindert zu kaufschlagen, hätten jetzt einige aus dem Ort den Salzkauf in die Hand genommen und teilten den Fremden nach ihrem Willen und Belieben das Salz zu wider jedes Herkommen.
4. Auch würden sie in Brouage häufig beschimpft und hätten unter den Räubereien der dortigen Einwohner zu leiden.

Diese Klagen wurden dann von Dr. Sudermann für die Gesandtschaft bearbeitet und zusammengestellt.[1] Wir sehen daraus, daß in Brouage äußerst regellose Zustände herrschten, daß sowohl Einwohner wie Beamte sich die größten Ausschreitungen und Gesetzwidrigkeiten erlaubten. Wenn wir trotzdem in diesen Jahren einen lebhaften Handel an diesem Orte nachweisen können[2], so beweist diese Tatsache, wie beliebt und wichtig auch jetzt noch die Baienfahrten waren.

Aus der beabsichtigten Gesandtschaft wurde nichts. Schon Köln schrieb am 12. Juli an seine Sendboten zu Lübeck: „In so unruhigen und gefährlichen Zeiten sollten die Hansestädte solch kostspielige Legationen wie die nach Frankreich nicht beschließen".[3] Dann teilte Dançay am 9. Juli 1573 aus Kopenhagen mit, daß sein König wegen der unruhigen Zeiten den Termin für den Empfang der Gesandtschaft noch nicht bestimmen könne. Am Schluß des Briefes verhieß er, daß die alten Privilegien fortbestehen sollten, und daß die Kaufleute des königlichen Wohlwollens versichert seien.[4] Am 18. März 1574 folgte dann die

---

[1] Köln. Inv. II, Nr. 162 und Anhang Nr. 10.
[2] Siehe weiter unten.
[3] Köln. Inv. II, Nr. 176.
[4] Köln. Inv. II, Nr. 341.

Anweisung Dançays, daß die Abordnung der Gesandten ver=
schoben werden sollte.¹

Die freundliche Haltung der französischen Regierung während
der letzten Jahre, und die in Frankreich 1571 eingetretenen
friedlicheren Zustände hatten die Hansen bewogen, in diesem Jahre
wieder in großen Flotten nach Brouage zu fahren. Johann
von Langen berichtete am 11. Februar an Dr. Sudermann aus
Antwerpen, daß gegen 200 befrachtete Schiffe aus Frankreich
und Spanien glücklich in Seeland angekommen seien.² Im
Oktober meldete er, daß viele Osterlinge und Emder aus Lissabon
und Brouage nach Seeland gekommen seien.³ Auch 1572 war
eine große Flotte nach Brouage und anderen französischen Häfen
gefahren. Die Schiffe, die nach Hamburg, Lübeck, Bremen und
Danzig gehörten, wurden bei der Rückkehr an der Küste See=
lands von Herzog Alba beschlagnahmt.⁴ Trotz der unruhigen
Zeiten nahm der Verkehr seinen Fortgang. 1573 werden 70
Salzschiffe, darunter 3 hansische, von den Vlissingern vor Middel=
burg genommen.⁵ 1575 berichtete der französische Gesandte in
London an seinen König, daß die Hamburger mit den Rochellern
einen Vertrag über Salz für 40000 Taler abgeschlossen hätten.⁶
1576 luden Danziger Salz in Rochelle.⁷ In demselben Jahre
kamen 16 lübische, 3 Rostocker und ein wismarsches Schiff mit
Brouager Salz durch den Sund.⁸ Der Hamburger Salzhandel
mit den nordischen Reichen lag wegen der Feindschaft mit Däne=

---

[1] Köln. Inv. II, Nr. 443.
[2] Köln. Inv. I, Nr. 3569.
[3] Köln. Inv. I, S. 300, A. 1.
[4] Köln. Inv. II, Nr. 133, 134.
[5] Köln. Inv. II, Nr. 342.
[6] Köln. Inv. II, N. 645, A. 2.
[7] Damus, S. 35—36.
[8] Reichsarchiv zu Kopenhagen.

mark schwer danieder.¹ Erst mit dem Frieden von 1579 wurden die Hamburger Salzschiffe wieder durch den Sund gelassen.

Auch aus dem Jahre 1577 haben wir Nachrichten, die auf einen ziemlich lebhaften Verkehr schließen lassen. Eine Berger Zolliste vom 1. Mai 1577 bis zum 1. Mai 1578 zeigt uns, daß 13 lübische, 1 Berger, 19 Bremer und 16 Deventer Schiffe im ganzen 1546 Tonnen Baiensalz brachten.² In den folgenden Jahren scheint nach dem jetzigen Stand unserer Kenntnis der Handel nicht so lebhaft gewesen zu sein. 1578 fuhren nur 7 lübische und 1579 im ganzen 22 wendische Schiffe (lübische, Stralsunder, wismarsche und Rostocker) mit Brouager Salz durch den Sund; 1580 waren es im ganzen 16 Salzschiffe, darunter eins aus Hamburg.³

Die siebziger Jahre des 16. Jahrhunderts sehen also die westfranzösischen Fahrten in kräftiger Blüte. Wenn wir bedenken, daß während dieser Zeit Frankreich und namentlich der Westen unter den Hugenottenkriegen schwer zu leiden hatte — 1577 wurde Brouage durch den König erobert⁴ —, so sind die Fahrten ein um so glänzenderes Zeugnis für die Tatkraft und die Unternehmungslust des deutschen Kaufmanns.

Die Verhandlungen über die Gesandtschaft nach Frankreich waren nicht unterbrochen worden. Schon 1576 am 1. August forderte Dançay wieder dazu auf[5], aber der Lübecker Hansetag lehnte sie wegen der unruhigen Zeiten noch ab[6]. Dançay ließ nicht ab, die Hansestädte immer wieder dazu anzutreiben[7], ohne

---

[1] Schäfer, Geschichte von Dänemark V, S. 234.
[2] Norske Magazin II, 80.
[3] Reichsarchiv zu Kopenhagen.
[4] Köln. Inv. II, Nr. 1175.
[5] Köln. Inv. II, Nr. 890.
[6] Köln. Inv. II, Nr. 915.
[7] Köln. Inv. II, Anhang Nr. 85, S. 507.

Der Rückgang der Baienfahrten. 115

jedoch etwas zu erreichen. Am 18. August 1579 entschuldigte sich dann der Hansetag beim französischen König, daß die lange geplante Gesandtschaft noch nicht zustande gekommen sei und bat zugleich um den Schutz seiner Kaufleute.[1] Man kam wegen der Wirren in Frankreich vorläufig nicht weiter. Die Kämpfe im Westen und Südwesten dauerten fort, zum großen Schaden des Baienhandels. Rochelle war bekanntlich ein Hauptwaffen= platz der Hugenotten; Brouage sah die Einfahrt seines Hafens seit 1586 versperrt.[2] Dazu kamen die fortdauernden spanisch= englisch=niederländischen Kämpfe, die das Meer mit Piraten aller Art füllten.[3] Kurz, der Baienhandel unterlag am Ende des Jahrhunderts schweren Hemmnissen. Erst als durch Heinrich IV. die blutigen Religionskriege beendet waren, konnten die fast gänzlich abgebrochenen Beziehungen mit der französischen West= küste wieder aufgenommen werden. Heinrich IV. kam dabei der Hanse auf halbem Wege entgegen. Er war bemüht, den Wohl= stand des schwer geprüften Landes durch günstige Handelsver= bindungen wieder zu heben. So gewährte er bereitwilligst einer hansischen Gesandtschaft im Jahre 1604 die nachgesuchte Be= stätigung der alten Handelsprivilegien.[4]

Die Hanse war damals nicht mehr der mächtige Städtebund von ehedem. Vor den kräftig aufstrebenden Nationen der Eng= länder, Holländer und Dänen konnte sie, da es ihr an jedem nationalen Rückhalt fehlte, ihre alte Stellung nicht behaupten. Was früher die Städte emporgebracht hatte, die Zersplitterung des Reiches, ward jetzt Ursache ihrer Schwäche. Wie hatten sich doch die Zeiten geändert! Um sich vor den Übergriffen des

---

[1] Köln. Inv. II, Nr. 1576.
[2] Pigeonneau II, S. 327.
[3] Schäfer V, S. 268.
[4] Vgl. Damus, S. 43—45; Pigeonneau II, S. 322.

Dänenkönigs zu schützen, schloß die Hanse mit ihrem schlimmsten Konkurrenten, den Niederländern, im Jahre 1615 ein Schutz= und Trutzbündnis.[1]

Aber die politische Schwäche der Hanse bedingte noch keineswegs ein Zurückweichen auf dem Gebiete des Handels. Der alte hansische Geist, die kaufmännische Unternehmungslust, war noch nicht mit der äußeren Größe dahingestorben. Es ist oft behauptet worden, die Hanse habe mit ihren Konkurrenten in der Ausnutzung neuer Erwerbsquellen nicht gleichen Schritt gehalten. Das ist nur soweit richtig, als sie durch die politische Schwäche des Reiches dazu gezwungen wurde. Freiwillig hat sie nirgends das Feld geräumt. Ganz entschieden aber muß die Behauptung zurückgewiesen werden, der deutsche Kaufmann habe gegenüber dem mächtigen Vorwärtsbringen der Niederländer „feige und träge" dagestanden.[2] Nicht die „Furcht vor dem Meere" kam über ihn, sondern der Fluch vaterländischer Zer= rissenheit und Ohnmacht.

Aber trotzdem, wo es möglich war, hat die Hanse sich fest= zusetzen gesucht, sie hat sich durch die größten Schwierigkeiten hindurchgewunden und vor dem unaufhaltsamen Vorwärtsstreben mächtiger Konkurrenten gerettet, was überhaupt zu retten war. Als Lissabon anfing, im Welthandel eine Rolle zu spielen, waren die Hansen unter den ersten, welche die indischen Waren dort holten, und sie haben bis tief ins 17. Jahrhundert hinein mit der pyrenäischen Halbinsel einen lebhaften Verkehr unterhalten. Mochten die Niederländer im 17. Jahrhundert im westfranzö= sischen Handel eine dominierende Stellung einnehmen, mochten sie jedes Jahr Hunderte von Schiffen nach Bordeaux und Brouage senden, um deren Weine und Salz nach Deutschland,

---

[1] Schäfer V, S. 363 und 365.
[2] Spahn, Der große Kurfürst, S. 22.

Schweden, Dänemark und Norwegen zu verkaufen[1], ganz haben sich die Hansen doch nicht aus den westfranzösischen Salzplätzen verdrängen lassen. Auch die Versuche Christians IV. von Dänemark, den hansischen Handel in und mit seinem Reich zu beschränken und die westfranzösischen Waren auf eigenen Schiffen zu holen[2], haben die Hansen nicht vollständig aus der Ostsee zu vertreiben vermocht.

Ob von Danzig aus die direkten Fahrten nach Westfrankreich wieder in Aufnahme gekommen sind, darüber läßt sich aus Mangel an genügendem Material nichts Bestimmtes sagen. Aber das steht fest, daß neben den Holländern das kräftig aufblühende Hamburg und Stettin in den Baienfahrten eine wichtige Rolle spielten.

1625 gingen von Hamburg nach Frankreich im ganzen 50 Schiffe, davon 1 nach Bayonne, 7 nach St. Jean de Luz, 1 nach Nantes.[3]

1623 kamen nach Hamburg: 7 Schiffe aus Bordeaux, 3 aus Guérande[4], 2 aus Nantes, 4 aus Rochelle; 1624: 4 aus Bayonne, 5 aus Bordeaux, 1 aus der Bretagne (vielleicht aus der Baie?), 4 aus Guérande, 12 aus Nantes, 11 aus Rochelle, im ganzen also 37 aus Westfrankreich. 1625 kam 1 Schiff aus Guérande, 7 kamen aus Nantes und 2 aus Rochelle; 1628: 1 aus Bayonne, 3 aus Bordeaux, 1 aus Guérande; 1629:

---

[1] Pigeonneau II, S. 406; vgl. auch Naudé, Getreidehandelspolitik, S. 337 (Raleighs Schrift: observations touching trade and commerce with the Hollander and other nations).

[2] Vgl. Schäfer V, S. 697—709.

[3] Diese und die folgenden Zahlen über Hamburgs Schiffsverkehr sind entnommen: Baasch, Hamb. Seeschiffahrt und Warenhandel vom Ende des 16. bis zur Mitte des 17. Jahrh., i. d. Zeitschr. d. Ver. f. Hamb. Geschichte, 9. Band.

[4] Guérande und Croisic waren wichtige Ausfuhrplätze für Salz. Auch heute wird dort noch viel Salz gewonnen. Die beiden Orte liegen nördlich der Loiremündung.

2 aus Bayonne, 9 aus Bordeaux, 1 aus Brouage, 2 aus Guérande, 1 aus Rochelle; 1632: 6 aus Bordeaux; 1633: 5 aus Bordeaux.

Zweifellos ist die Einfuhr noch stärker gewesen; doch ist mit Hülfe der bis jetzt vorhandenen Nachrichten ein genaueres Bild nicht zu gewinnen. Soweit wir aber sehen können, ist die Einfuhr des Baiensalzes (Boisalzes)[1] auch im 17. Jahrhundert noch eine ganz beträchtliche gewesen. Baiensalz ließ Kurfürst Christian II. von Sachsen 1606 und 1611 in Hamburg ankaufen und zwar je 300 Last, Johann Georg 1612 600 Last. 1650 bat Johann Georg den Hamburger Rat um Zusendung von Baiensalz.[2] Auch nach Brandenburg kam es in ziemlicher Menge. Der große Kurfürst hat 1684 für die Neumark Baiensalzsiedereien errichtet.[3]

Noch im 18. Jahrhundert haben wir Nachrichten über Baienfahrten. Joachim Nettelbeck erzählt uns in seiner Lebensbeschreibung von einer Fahrt, die er nach Noirmoutier unternommen hat, um dort Salz zu laden.[4] Neben Hamburg war Stettin der Hauptstapelplatz für Baiensalz. Als es aber 1720 unter preußische Herrschaft kam, war seinem Baienhandel nur noch ein kurzes Leben beschieden. Friedrich Wilhelm I., dem mit Recht seine Magdeburger Salinen am Herzen lagen, gestattete den Stettinern die Einfuhr von Boisalz nur noch nach Schwedisch-Vorpommern und Mecklenburg.[5] In den Jahren 1720—26 wurde das Salzregal, wie es seit 1652 für Branden-

---

[1] Mit dem Namen Baiensalz (Boisalz) hatte man sich gewöhnt, sämtliches aus dem Westen kommende Salz zu bezeichnen.

[2] Baasch, S. 397.

[3] Schmoller, Jahrbuch für Gesetzgebung, Verwaltung und Volkswirtschaft XI, S. 867.

[4] Joachim Nettelbeck, Eine Lebensbeschreibung, hg. v. Haken, 3. Aufl. 1. Hälfte, K. 8.

[5] Schmoller, Jahrb. VIII, S. 402.

burg bestand, auch auf die übrigen Teile der preußischen Monarchie ausgedehnt[1], und alle Ein- und Durchfuhr von Baisalz wurde 1723 bei Leibes- und Lebensstrafen verboten.[2] So wurde dem Vertrieb des Baiensalzes in Preußen durch das preußische Salzregal ein Ende gemacht.

Nachtrag zu Seite 46, Anmerk. 2.

Waitz verweist auf eine Urkunde bei Mühlbacher, Regesta imperii, Nr. 714, S. 267. Danach bestätigt Ludwig der Fromme im Jahre 821 den Mönchen des Klosters St. Mesmin bei Orléans den Ort, quem iuxta consuetudinem terrae Areas vocant in portu Vitrariae am Fluß Tenu im Gau d'Herbauge, welchen er ihnen schon früher zum Ausladen der Schiffe und zur Salzgewinnung geschenkt hatte . . . Dazu ist zu vergleichen eine Urkunde bei Bouquet, Recueil des historiens des Gaules et de la France VI, S. 556, in der Ludwig gleichfalls die Besitzungen des oben genannten Klosters (pro Miciacensi St. Maximini Monasterio) bestätigt (ante annum 828): Ac in Pictavensi territorio, in portu Vitrariae, in pago Herbadelico, super fluvium Tannacum, habet areas salinarum ad onerandas naves, d. h. also, das Kloster besitzt im Gau Herbauge im Hafen Vitraria Salzteiche (areas = aires, vgl. oben S. 5). Ebenso ist Areas in der Urkunde bei Mühlbacher zu verstehen. Mit dem locus quem Areas (besser areas) vocant sind also marais salants gemeint.

Noch in einem anderen Punkte bedarf die Urkunde einer Berichtigung. Mühlbacher und mit ihm Schröder in den Forschungen zur deutschen Geschichte XIX, 472, Longnon in seinem Atlas historique, Spruner-Menke, Vorbem. S. 33, identifizieren den Portus Vitrariae mit Port St. Père. Diese Identität ist einmal wegen der Ungleichheit der Namen doch sehr zweifelhaft, hinfällig aber wird sie durch den Umstand, daß man bei Port St. Père nie Salz gewonnen hat. Port St. Père liegt am Nordrande des Lac de Grand-Lieu, also sehr weit vom Meere entfernt und dazu in einer hügeligen Gegend, die für Salzgewinnung ganz ungeeignet ist. Léon Maître in seinem Buch La Baie de Bourgneuf et ses ports disparus, S. 74—75, ist der erste, der gegen die Identifizierung der beiden Namen Zweifel geltend gemacht hat. Er möchte den Portus Vitrariae im Süden des Gaus Herbauge am Lay suchen, doch ist er zu sicheren Resultaten nicht gelangt. Sein Hafen, Port de Moricq,

---

[1] Schmoller, Jahrb. XI, S. 869.
[2] Schmoller, Jahrb. VIII, S. 402.

hat, wie er selbst zugibt, doch zu wenig Ähnlichkeit mit Portus Vitrariae. Wenn ein Ort den Anspruch erheben kann, der alte Portus Vitrariae zu sein, so ist es meiner Meinung nach La Bovettrie, südöstlich von Fresnay, also in der Baie gelegen. In dieser Gegend ist Salz gewonnen worden, die Salzteiche werden bis zum Tenu gereicht haben. Die Ähnlichkeit der beiden Namen Portus Vitrariae und Bovettrie ist doch zu auffällig, als daß wenigstens nicht die Möglichkeit der Identität beider Ortschaften ausgesprochen werden sollte.

―――――※―――――